ARTCHITECTURE
SOURCE OF INSPIRATION

- Sculpted Decoration ❈ 400 documents ❈ Décoration sculptée

Talma Studios
60, rue Alexandre-Dumas
75011 Paris - France
www.talmastudios.com

contact@talmastudios.com

ISBN : 979-10-96132-04-1

© All rights reserved

Competition For the Two Palaces of the Champs-Elysées

Exposition Universelle (1900)

Concours pour les deux Palais des Champs-Elysées

Grand Palais

Les cinq projets primés

The five awarded projects

Albert Louvet

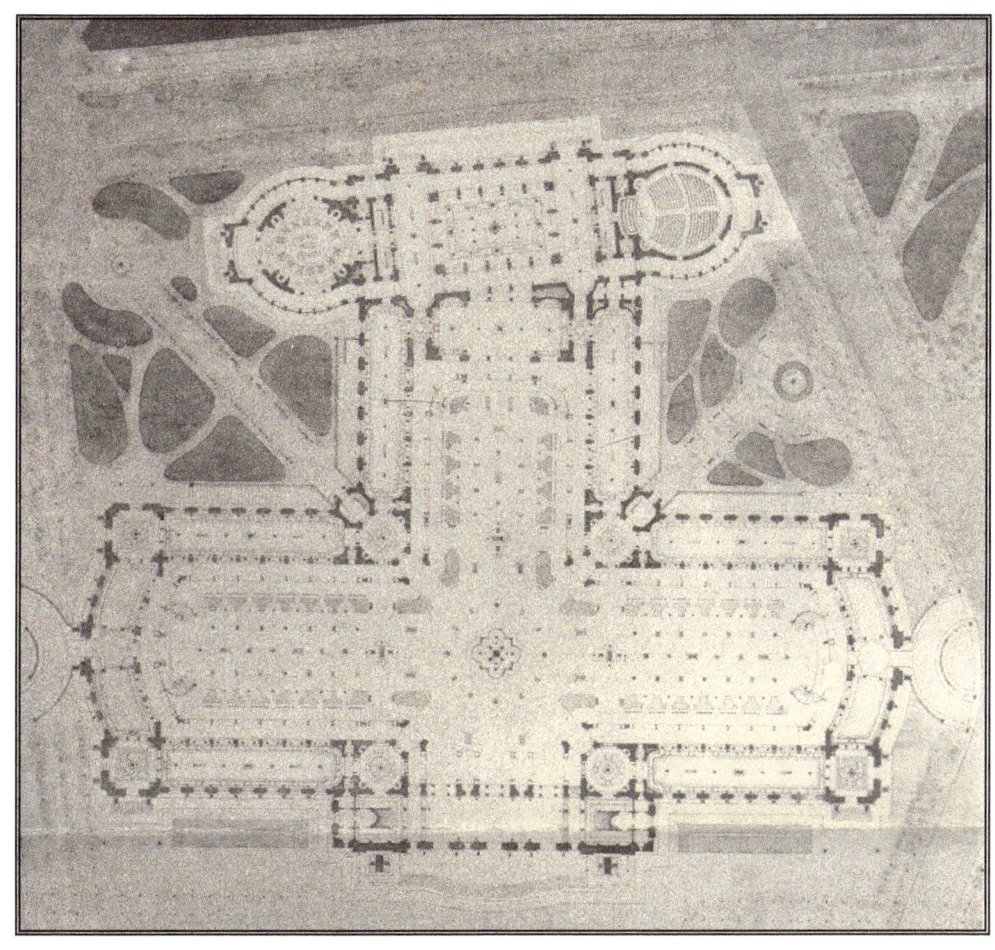

MM. Deglane & Binet

Albert Thomas

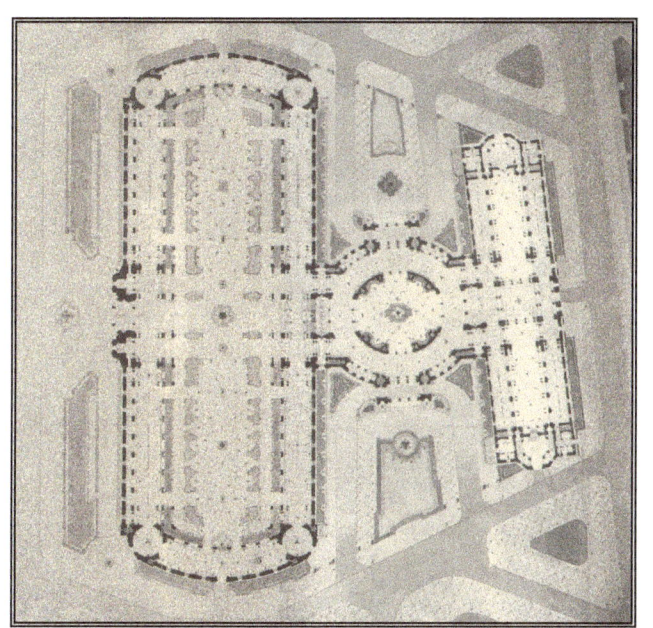
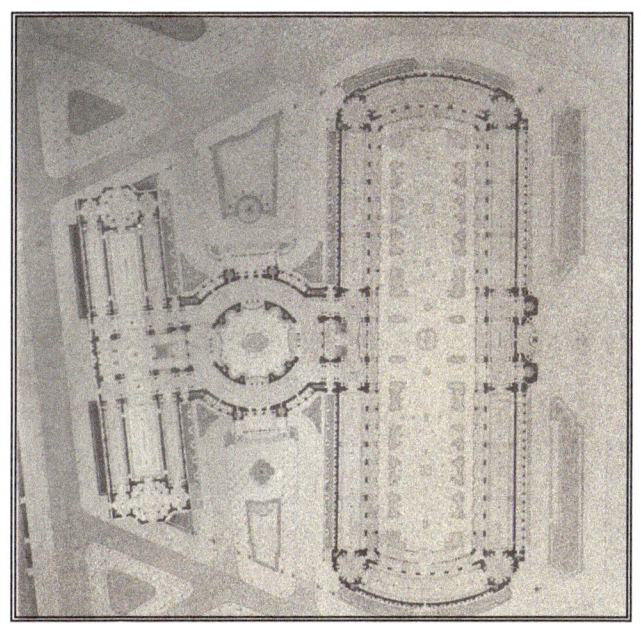

Charles Girault

GRAND PALAIS

COUPE TRANSVERSALE

FACADE LATERALE

COUPE LONGITUDINALE

FACADE POSTERIEURE

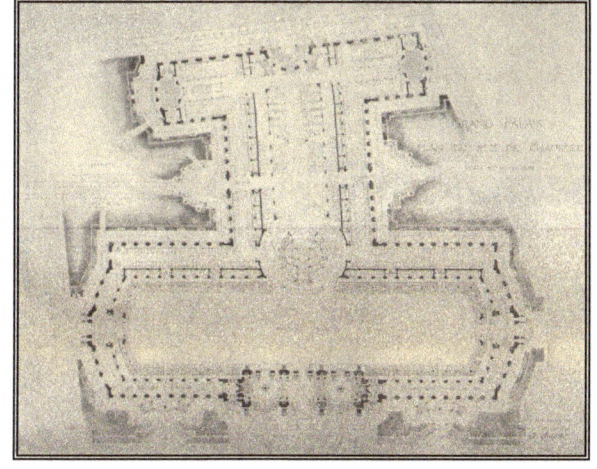

M. Tropey-Bailly

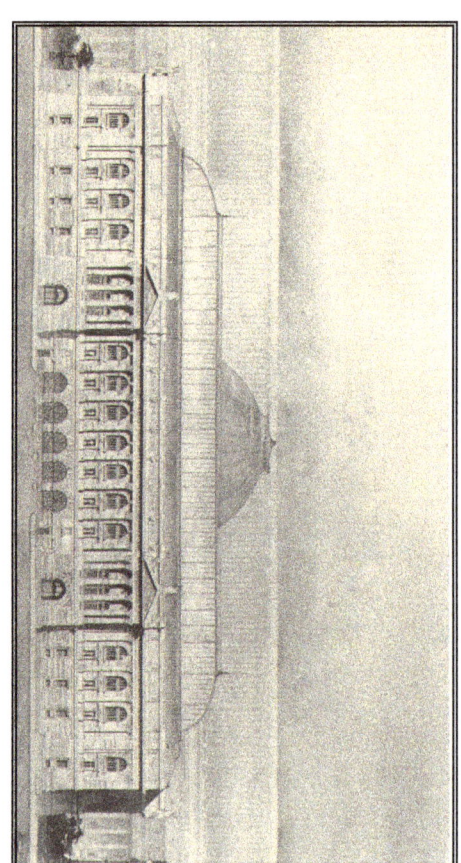

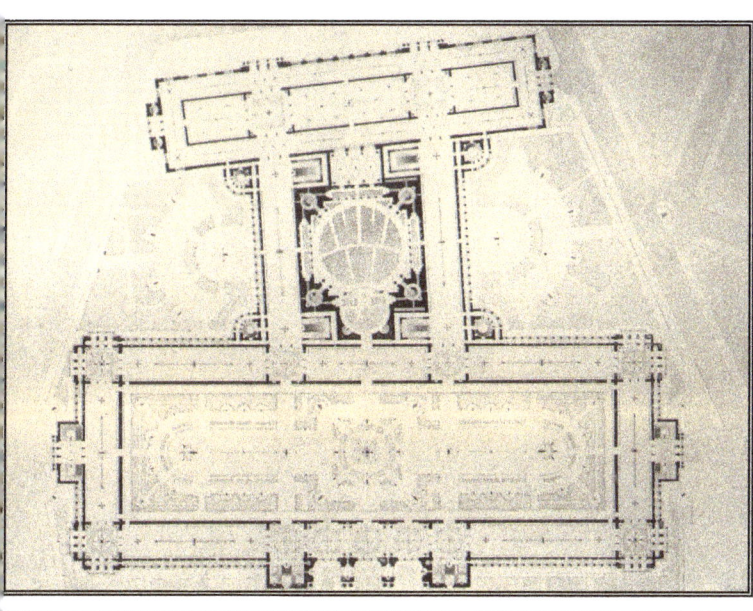
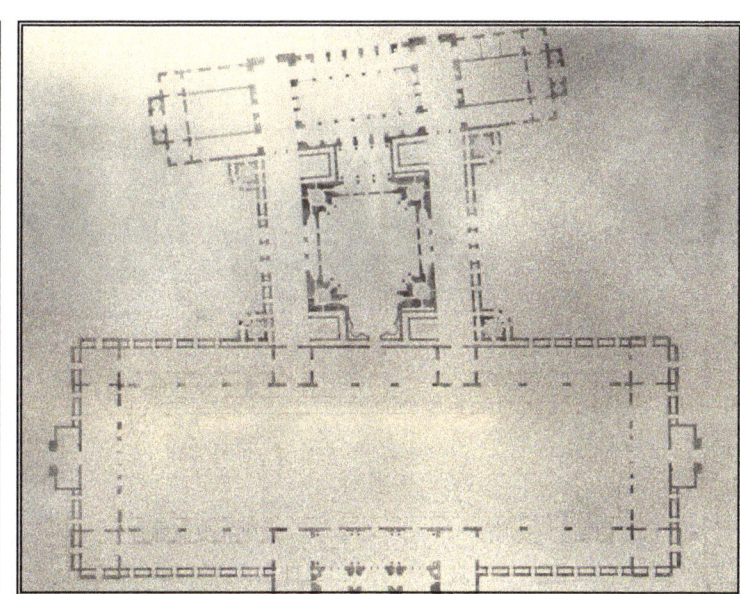

Petit Palais

Les cinq projets primés

The five awarded projects

Charles Girault

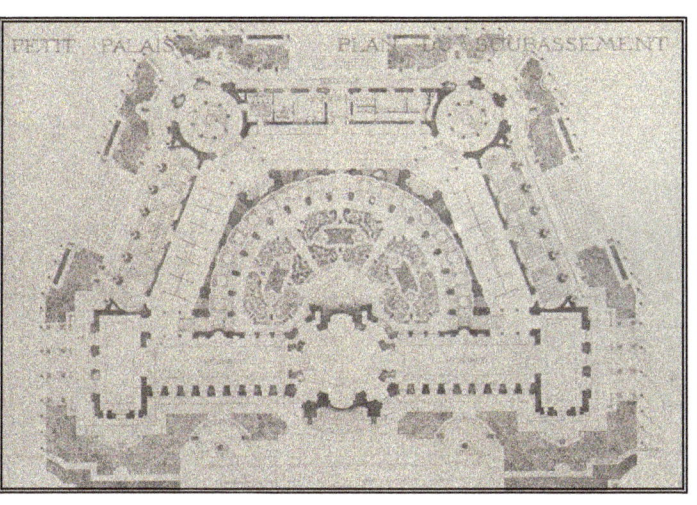

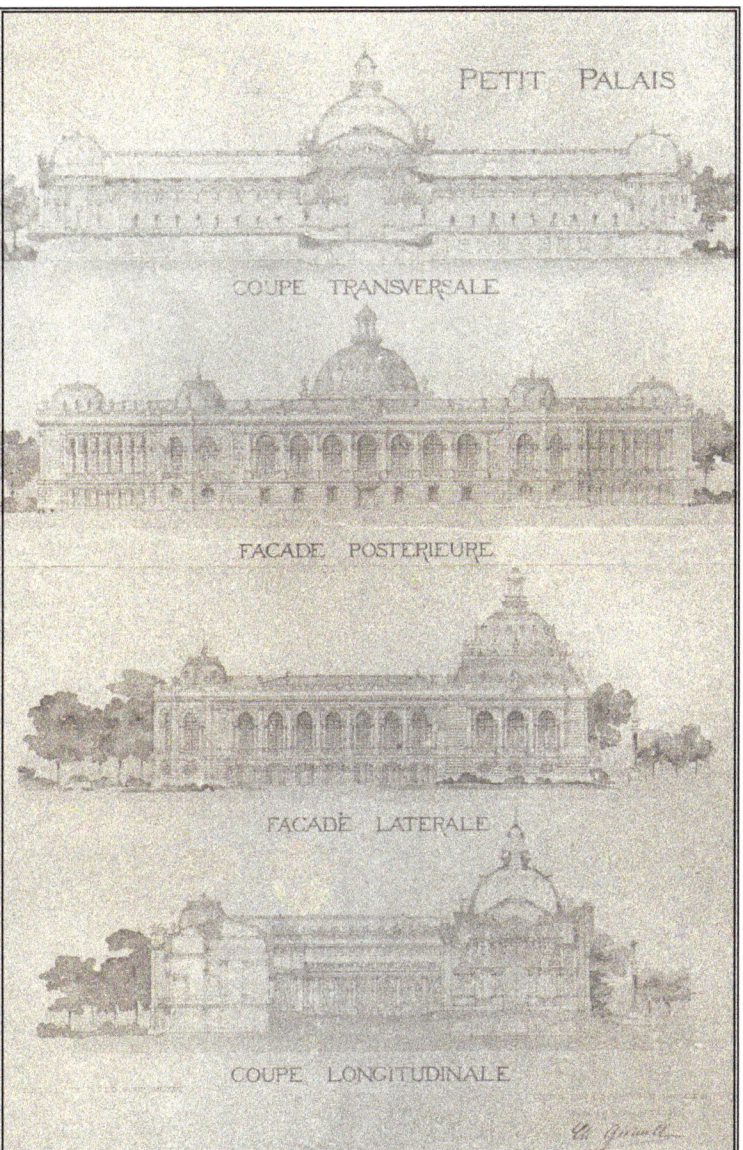

MM. Cassien-Bernard & Cousin

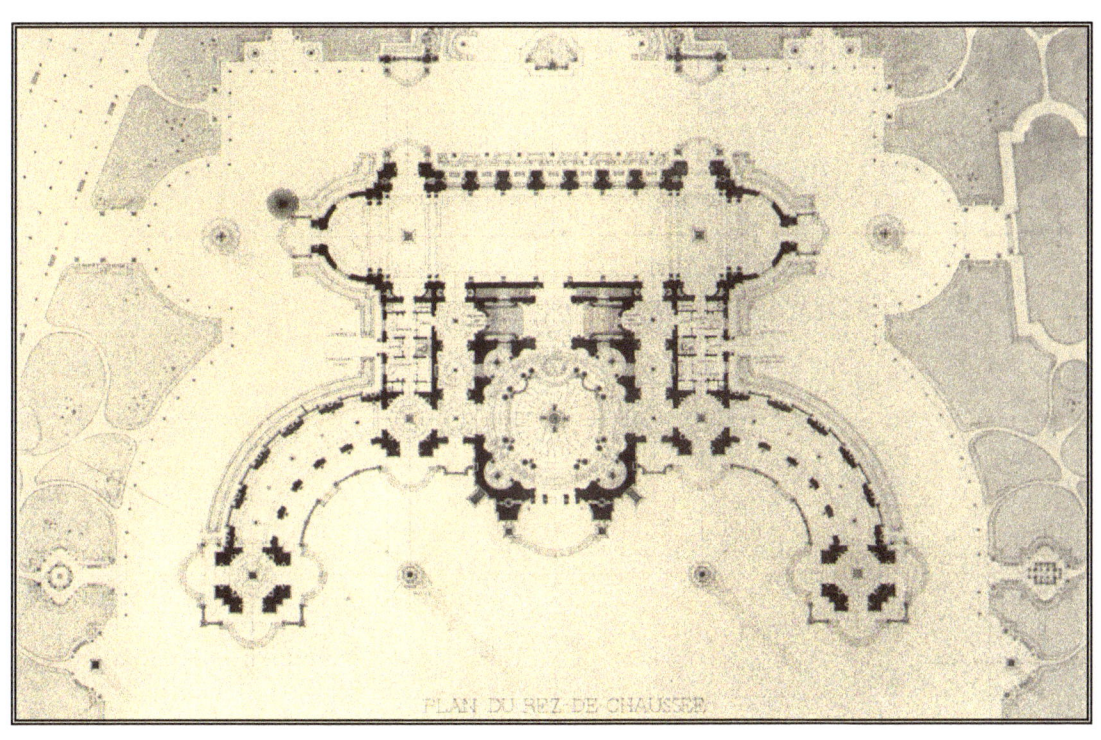

PLAN DU REZ-DE-CHAUSSÉE

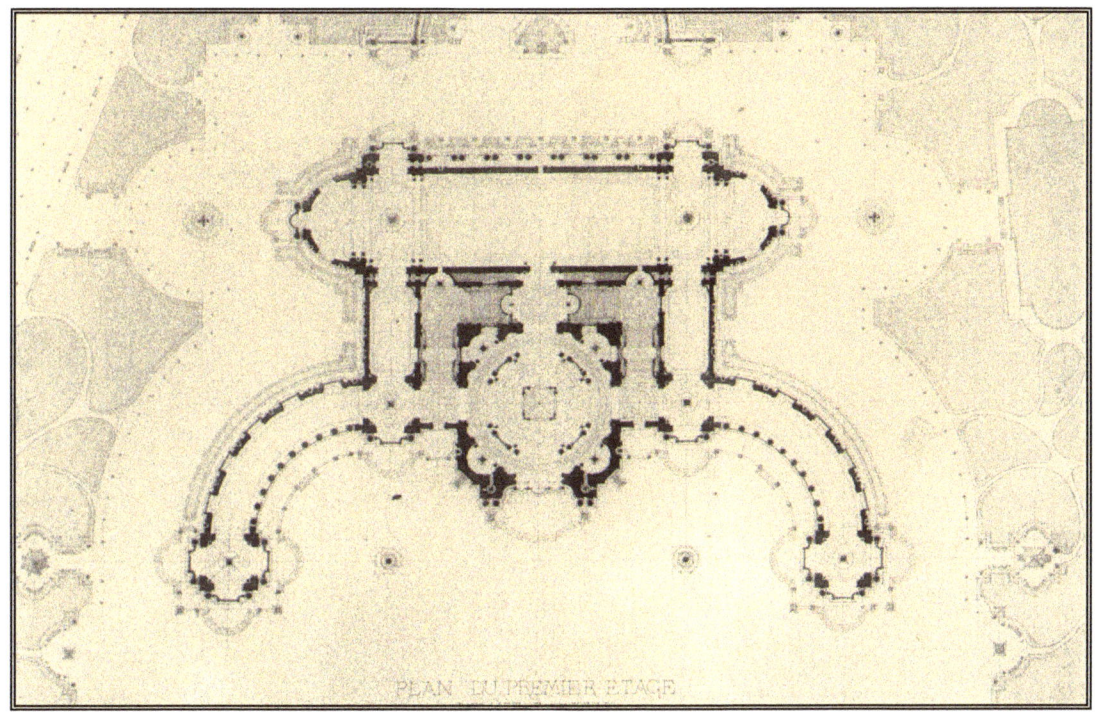

PLAN DU PREMIER ÉTAGE

MM. Toudoire & Pradelle

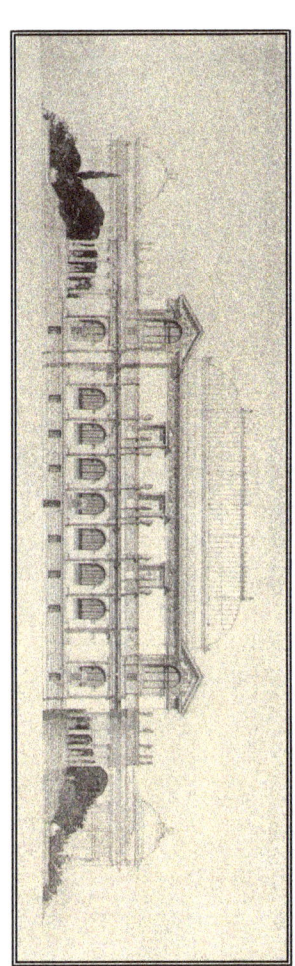

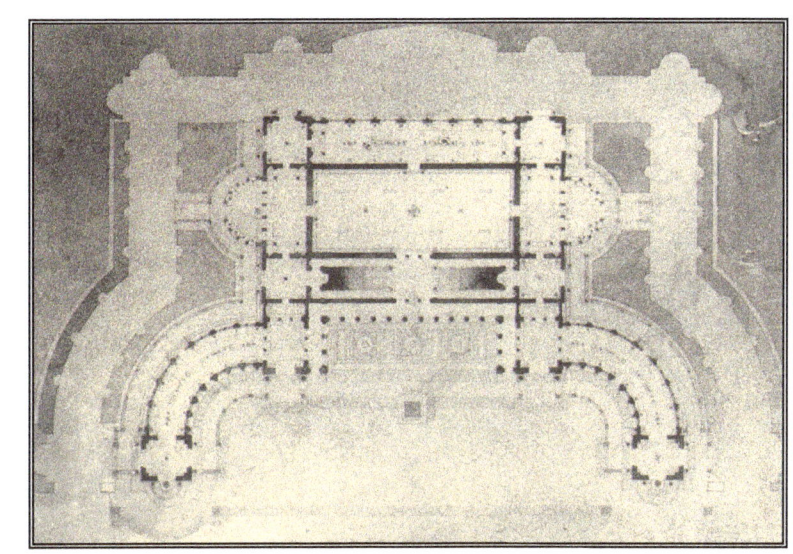
 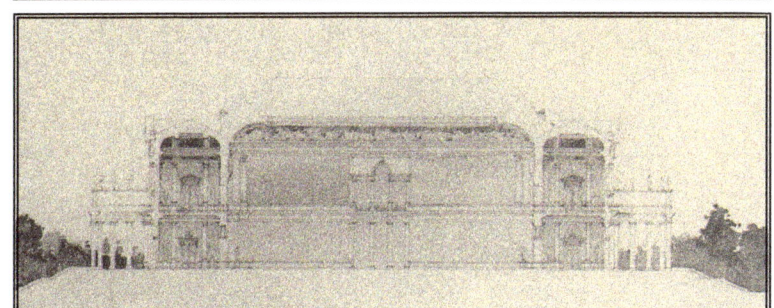

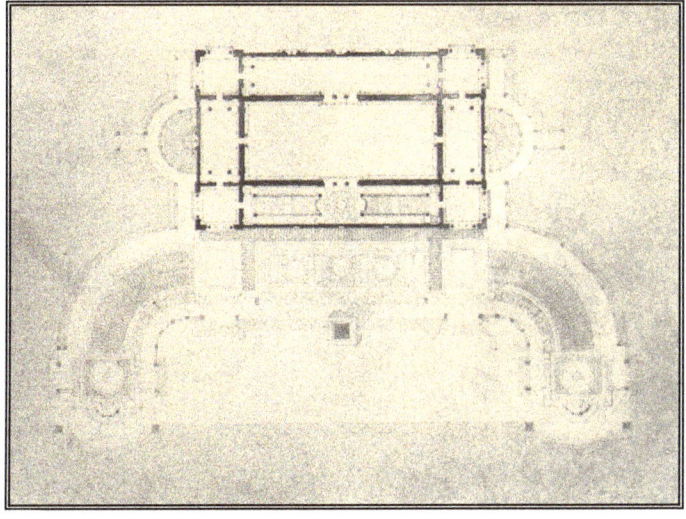

MM. E. & J. Deperthes

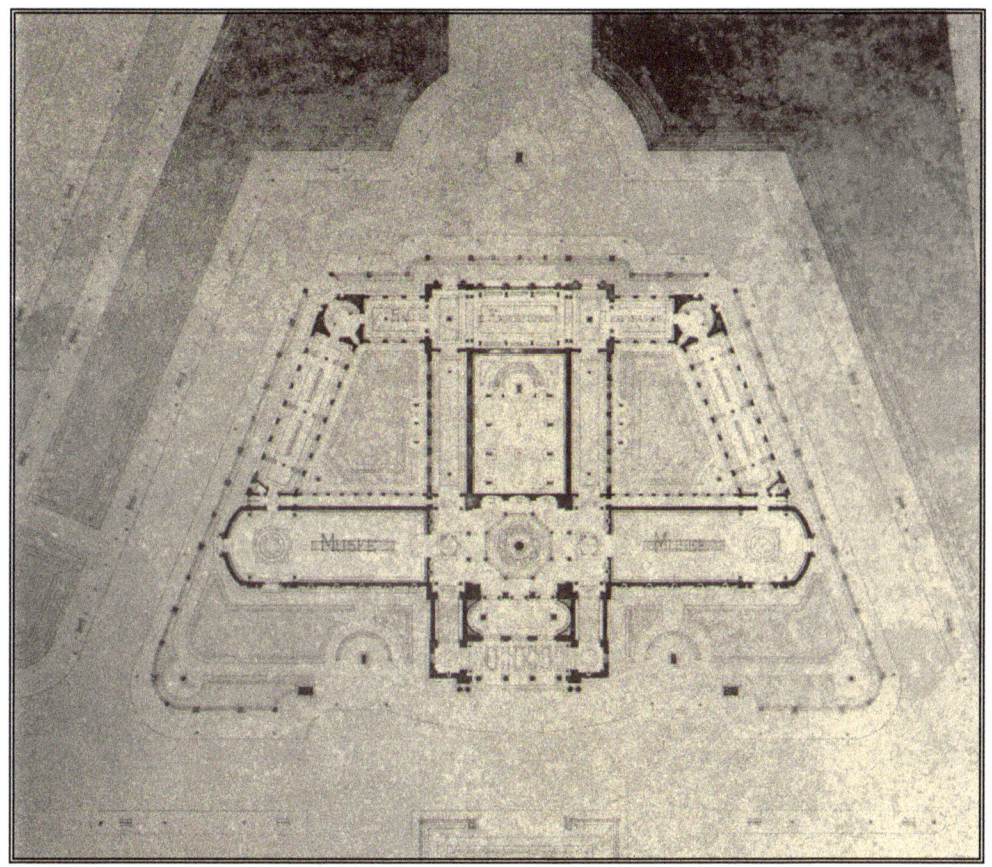

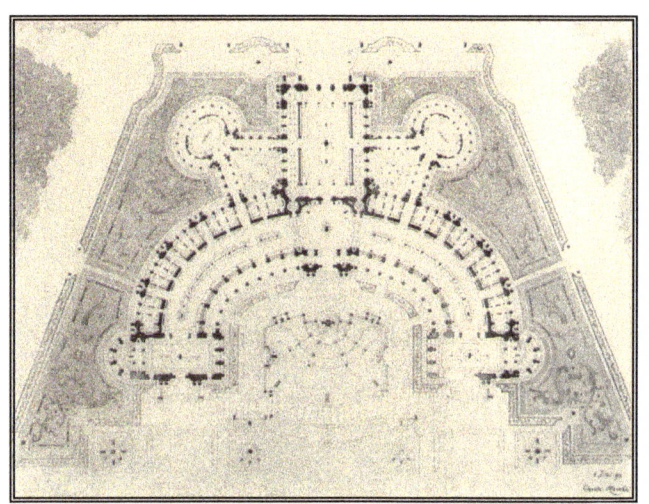
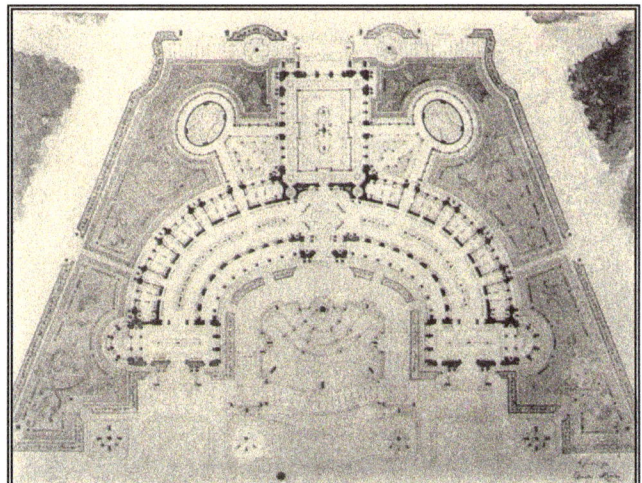

M. Mewès

Grand Palais & Petit Palais

Les autres projets

Other projects

M. André

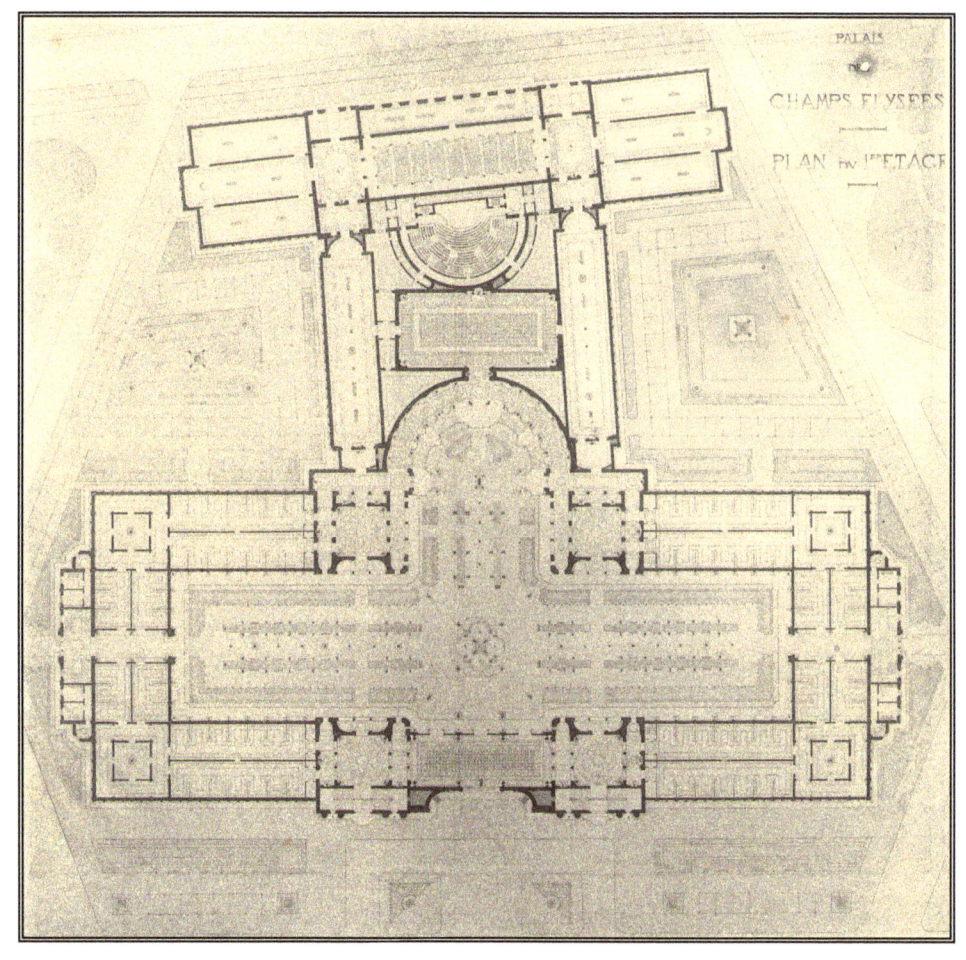

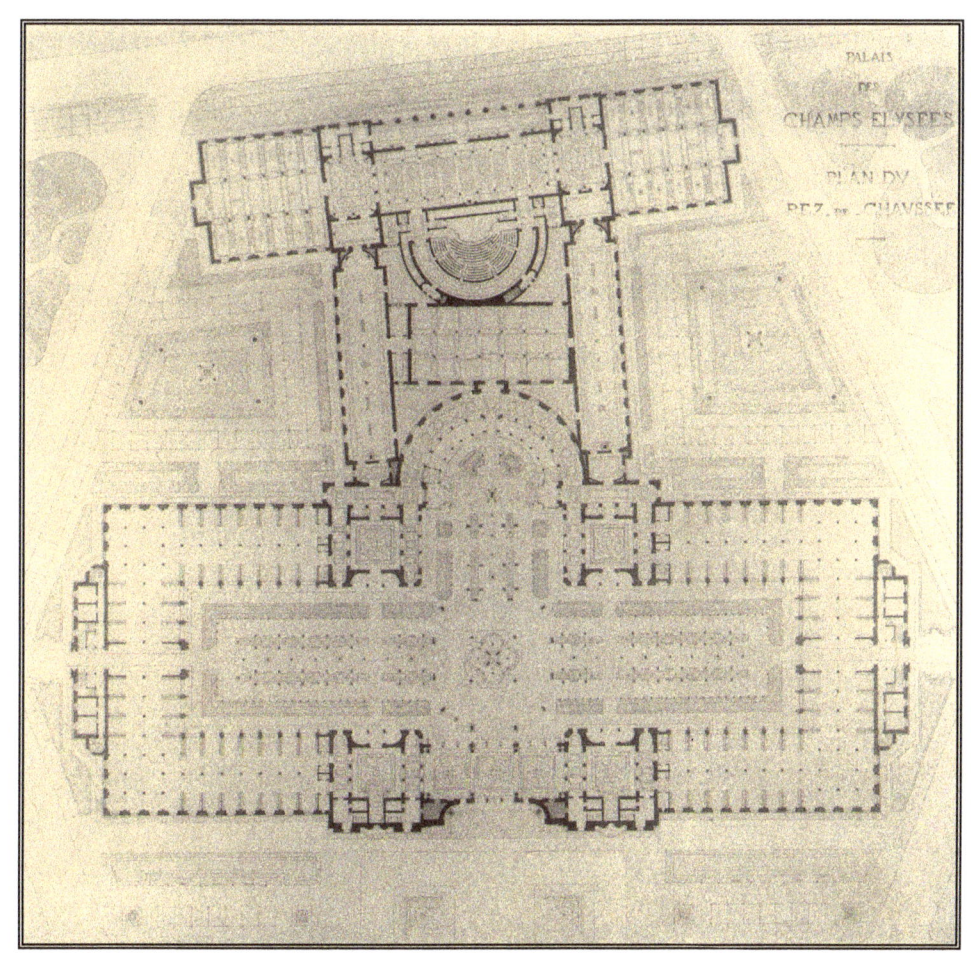

M. de Baudot

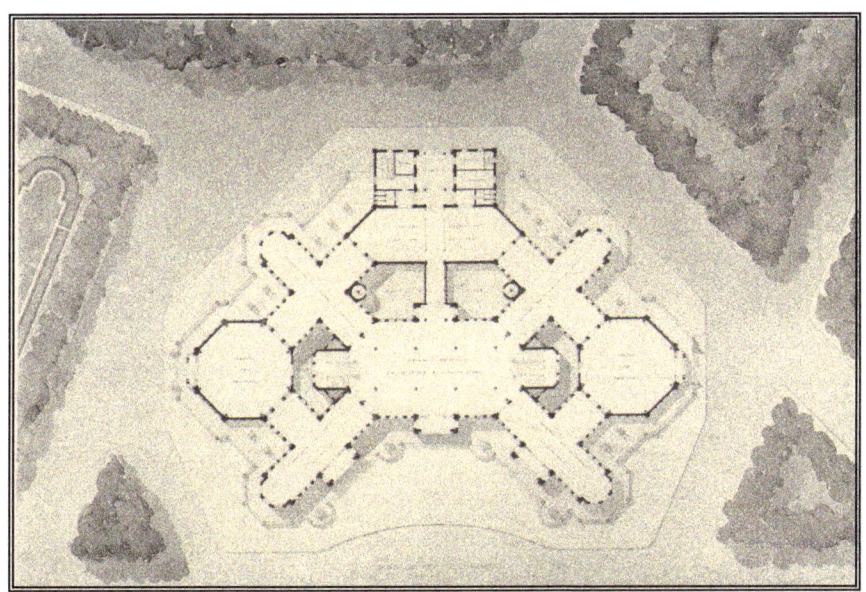

MM. Bernard-Joanny & Robert
(Grand Palais)

FACADE SUR L'AVENUE DES CHAMPS-ELYSEES

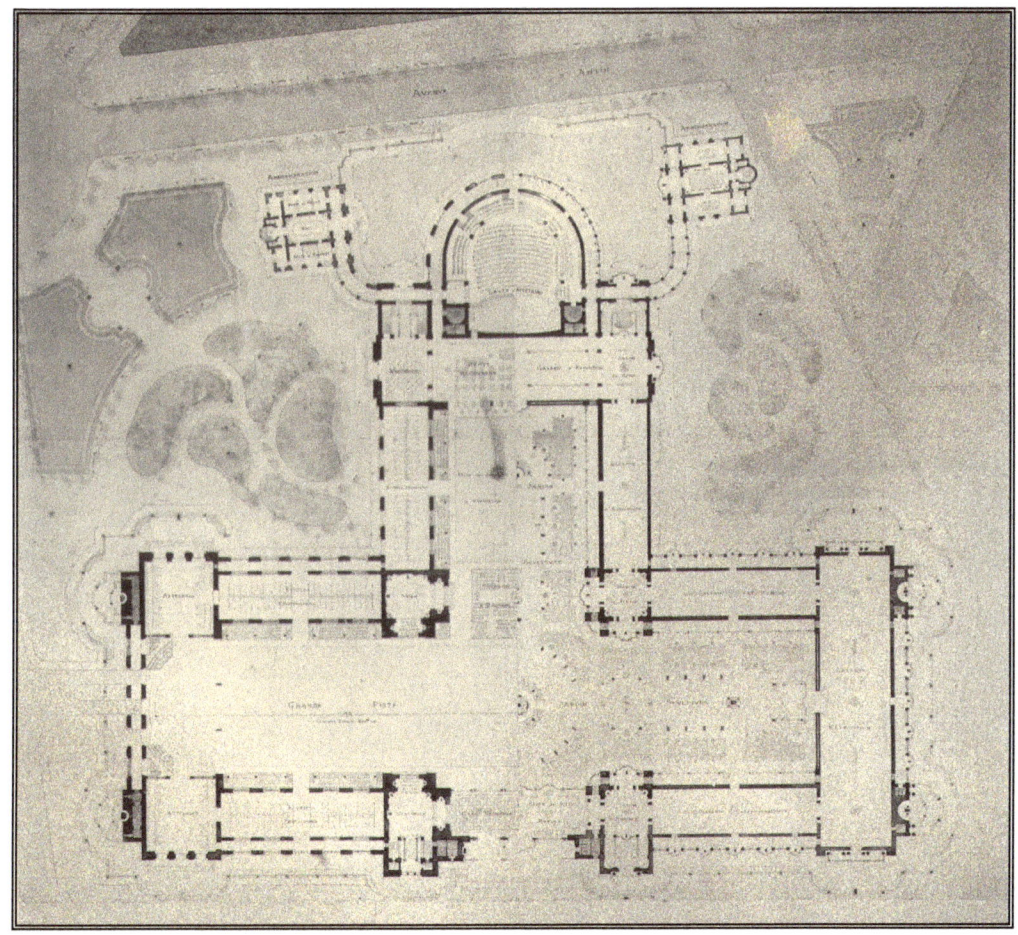

MM. Bernard-Joanny & Robert
(Petit Palais)

M. Blavette
(Petit Palais)

M. Blavette
(Grand Palais)

ÉLÉVATION POSTÉRIEURE

COUPE TRANSVERSALE

ÉLÉVATION LATÉRALE

COUPE LONGITUDINALE

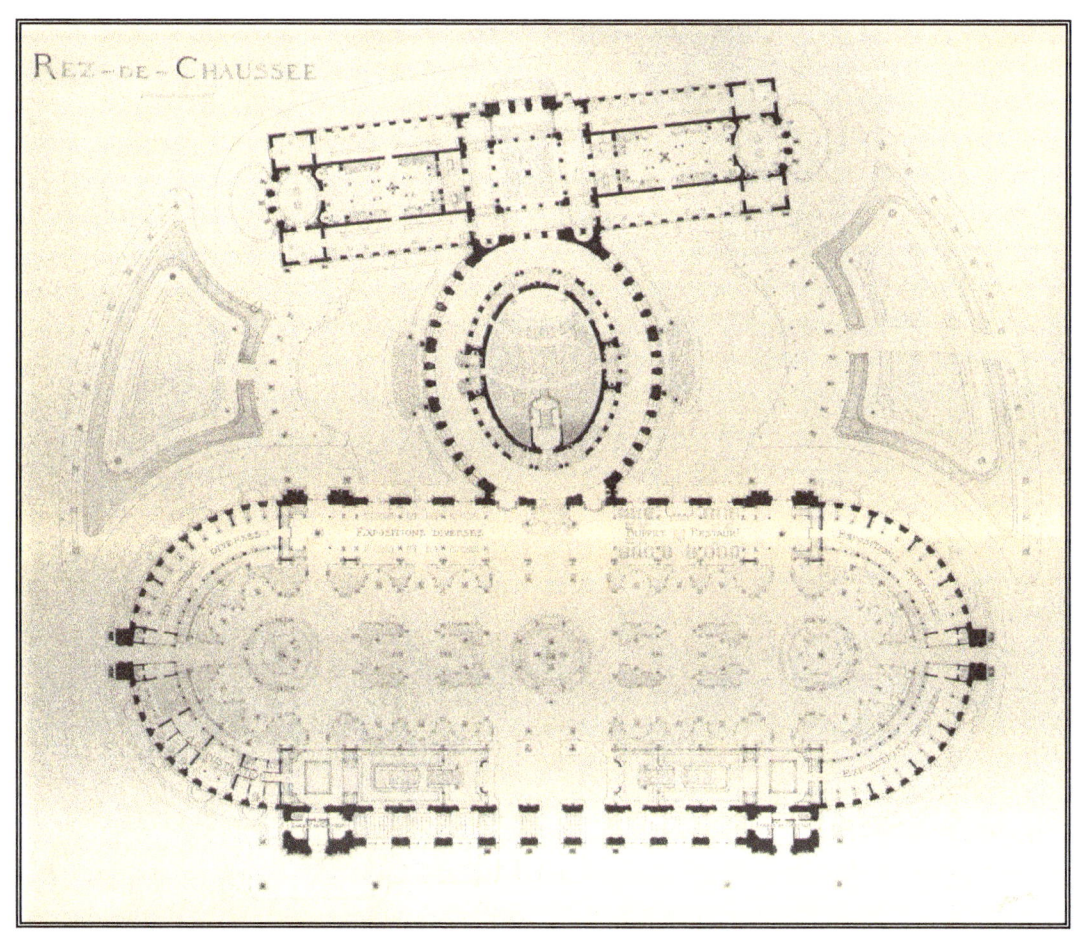

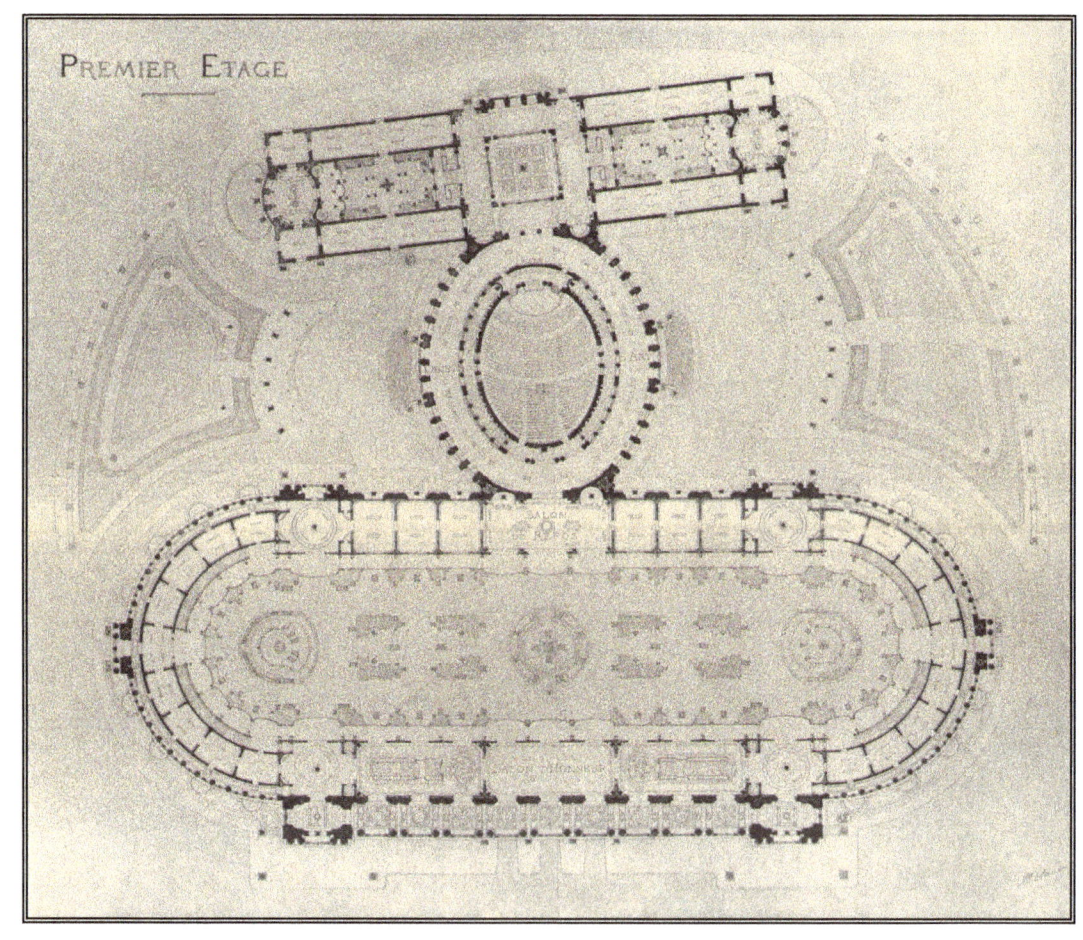

Louis Bonnier
(Grand Palais)

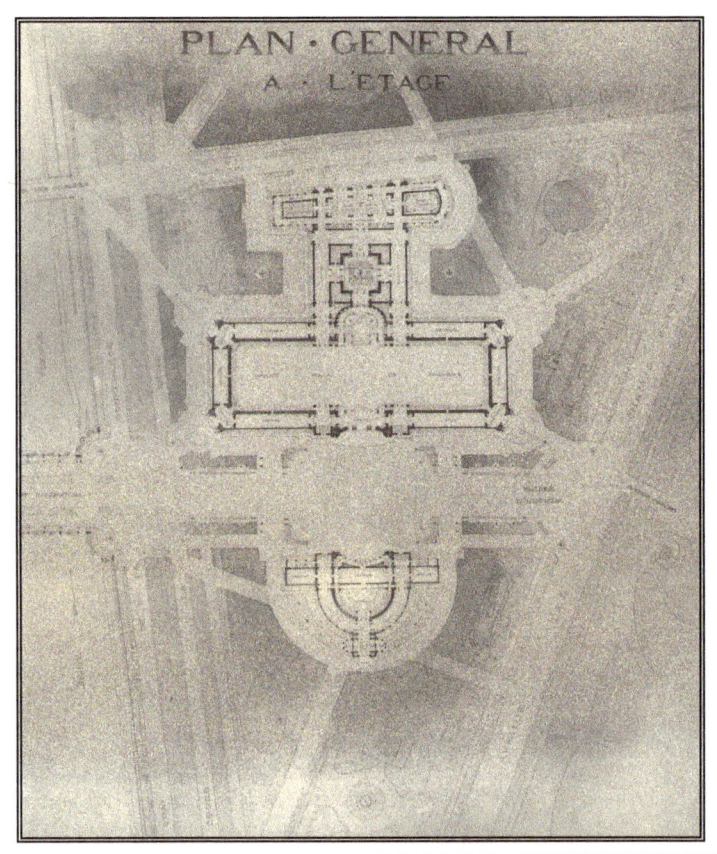

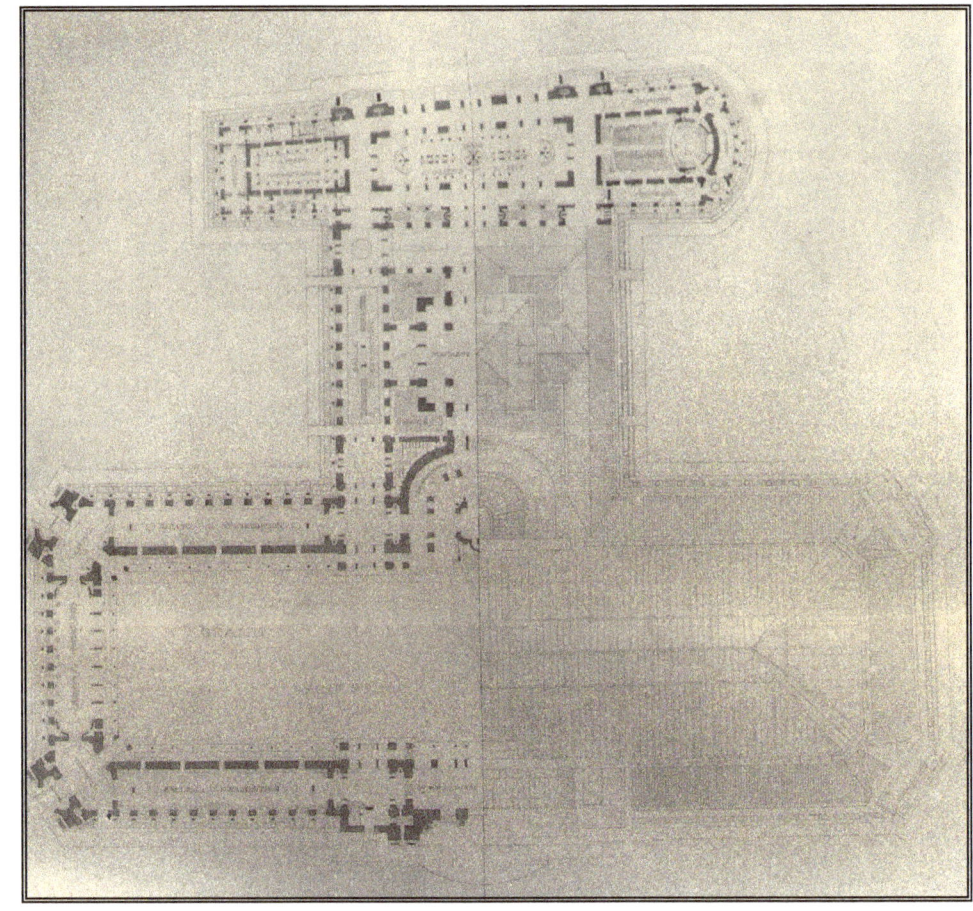

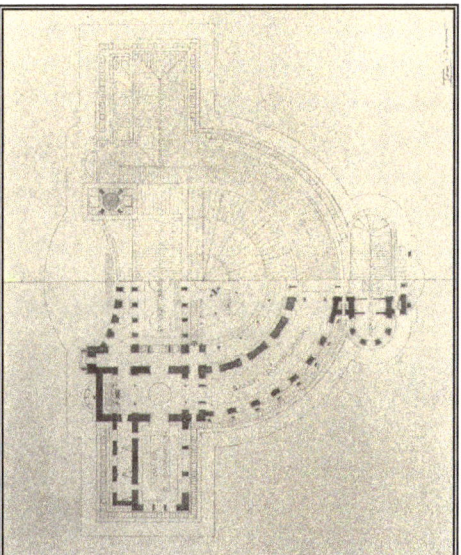

Louis Bonnier (Petit Palais)

Petit Palais

Grand Palais

M. Constant
(Grand Palais)

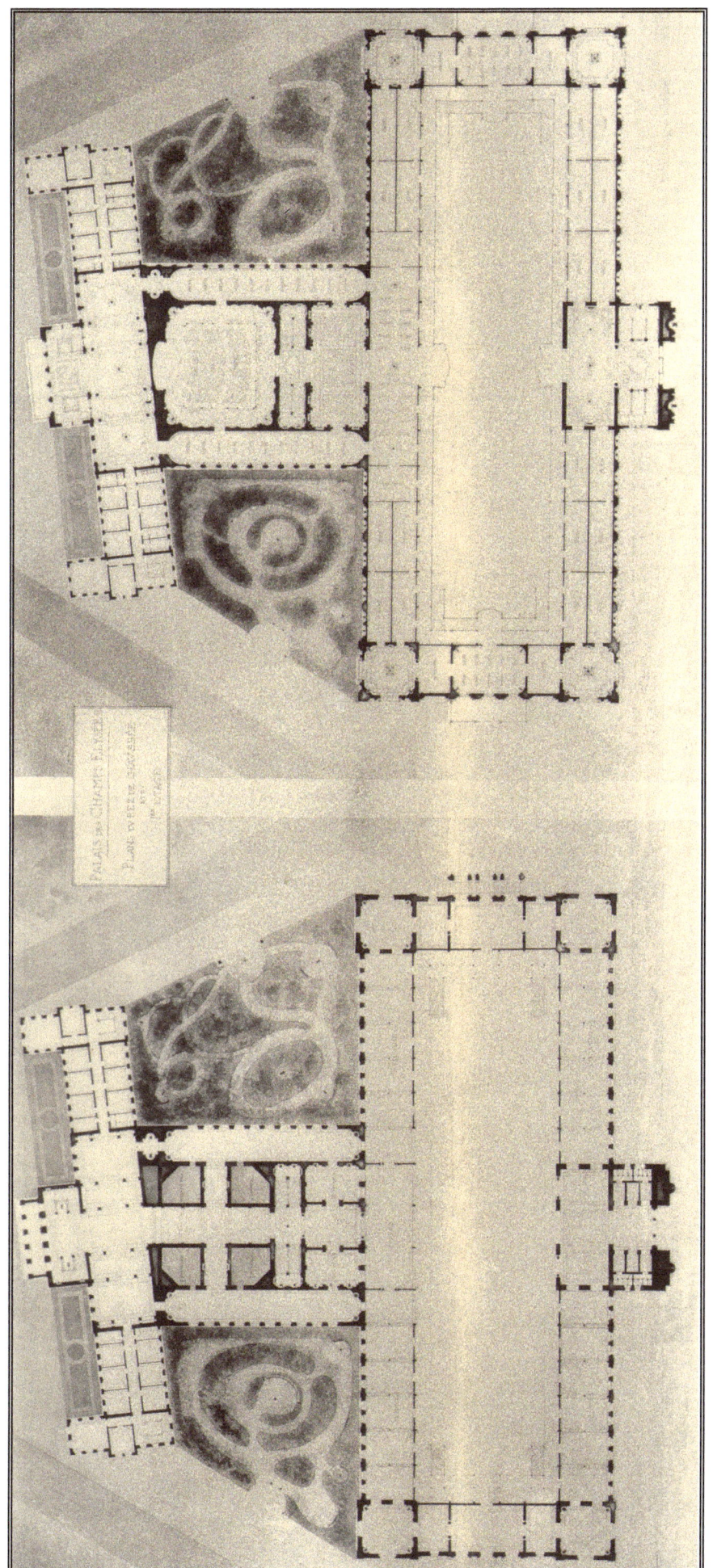

M. Debrie
(Grand Palais)

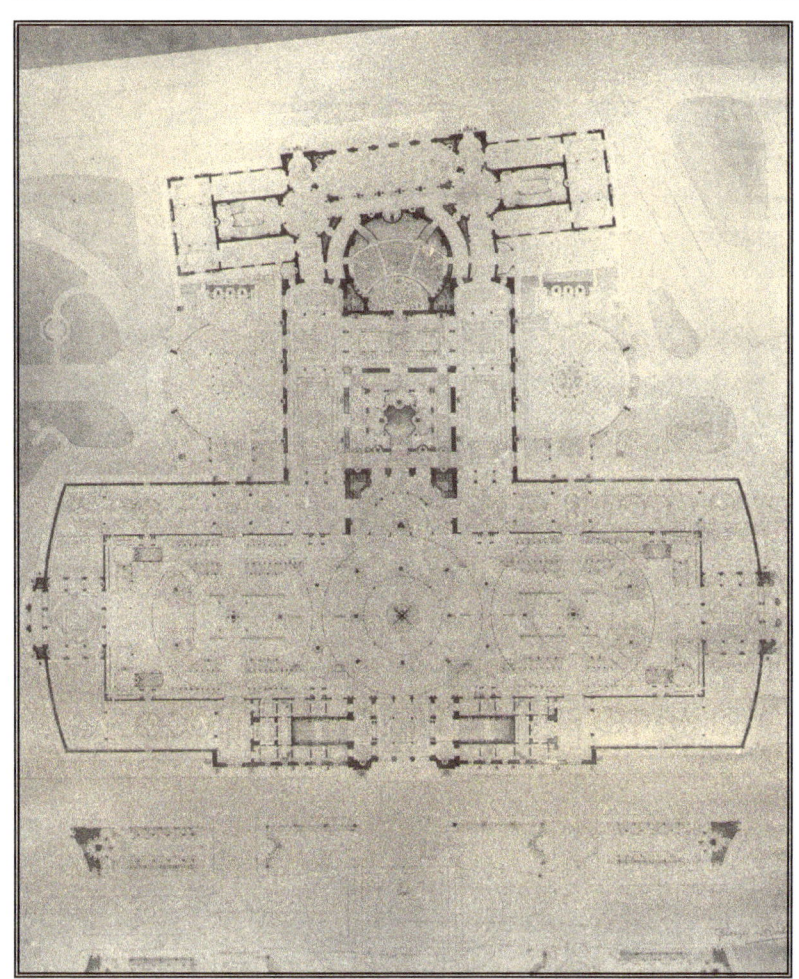

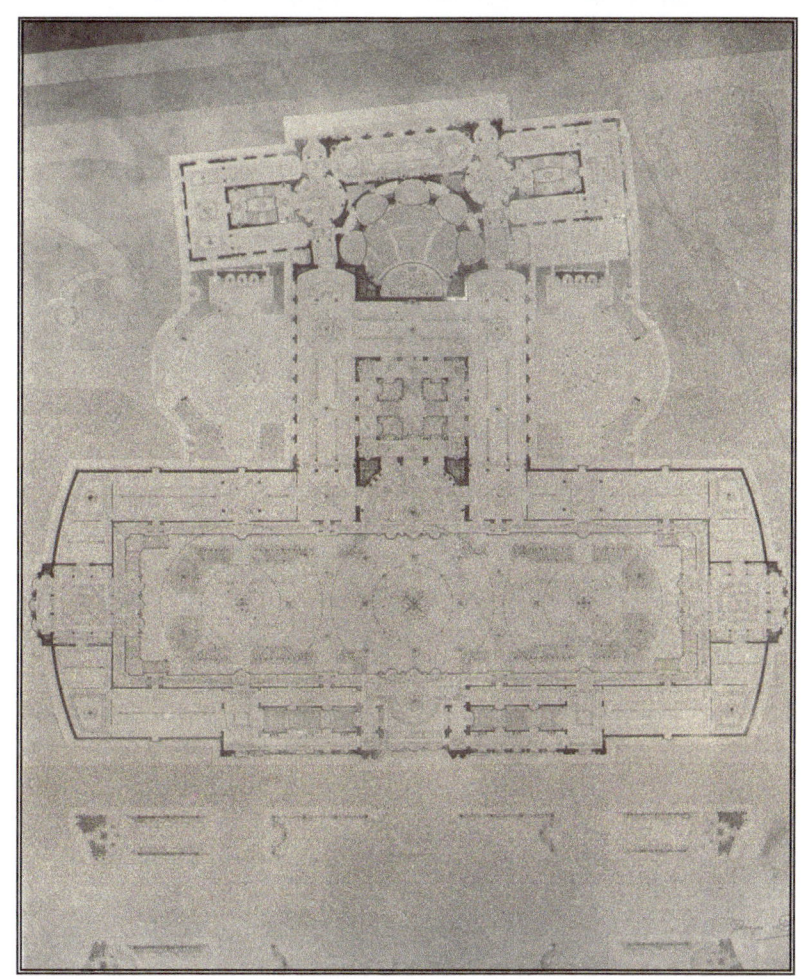

MM. Defrasse et Tournaire (Grand Palais)

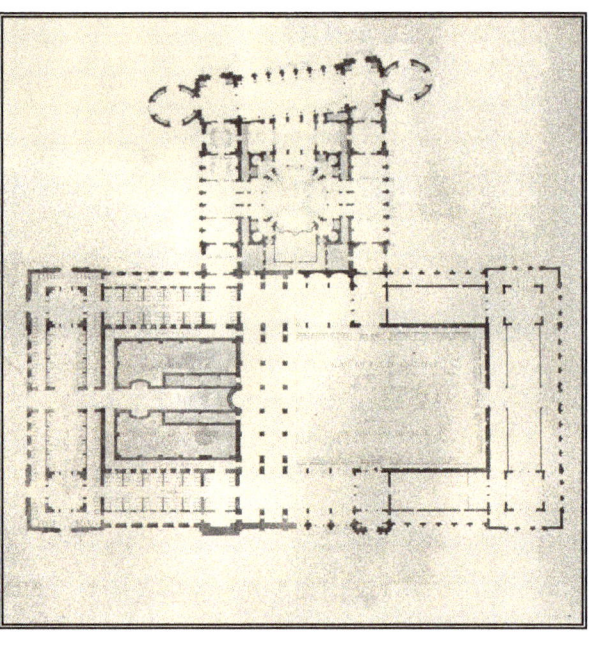

MM. Defrasse et Tournaire
(Petit Palais)

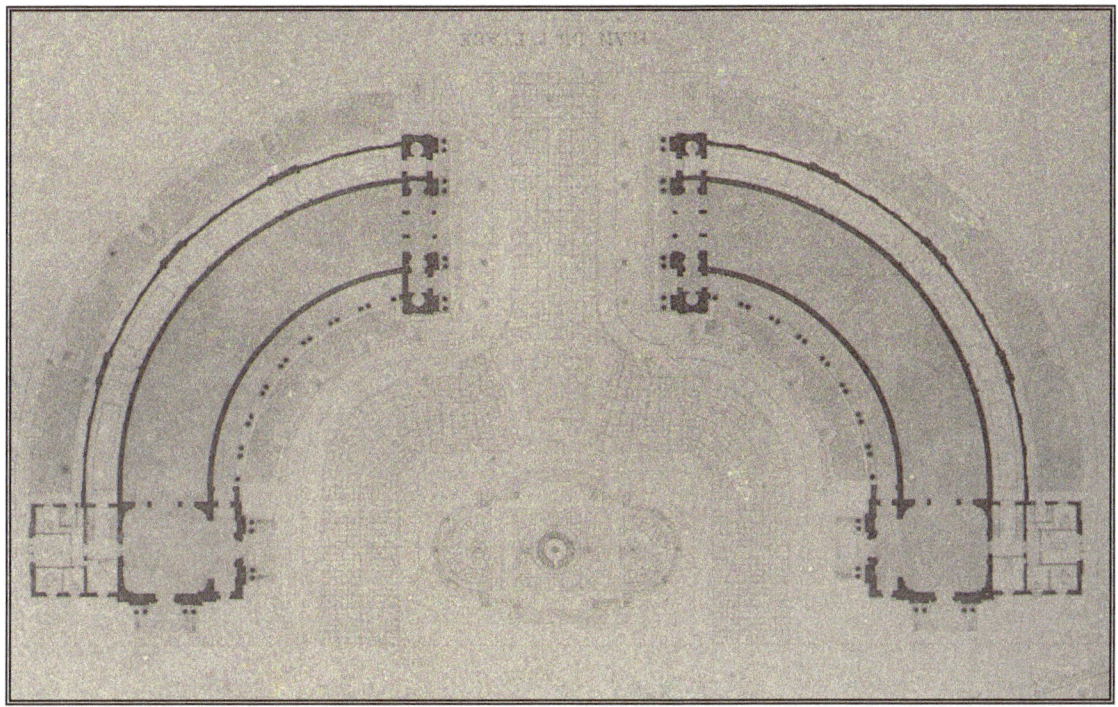

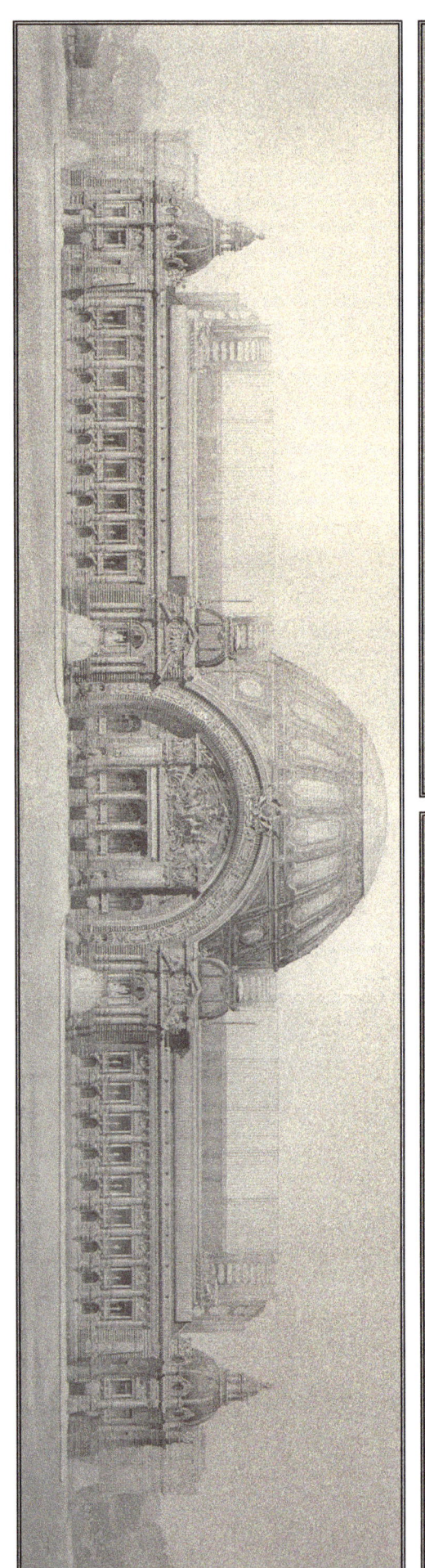

M. Esquié (Grand Palais)

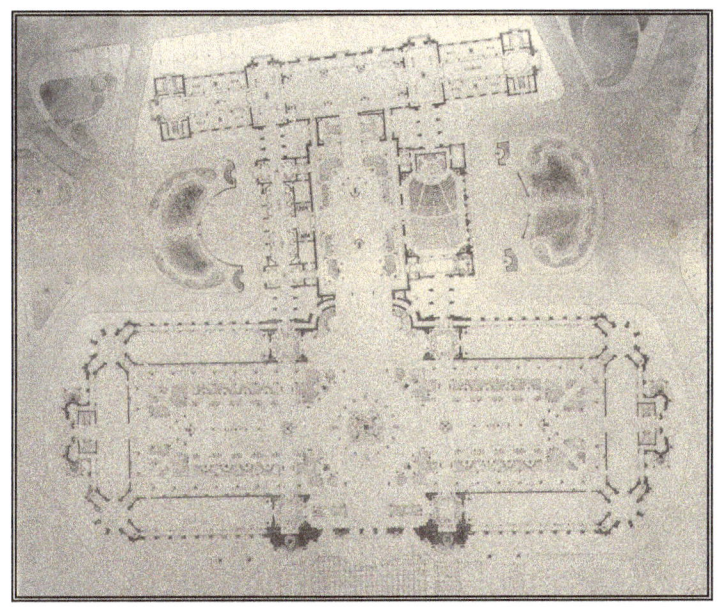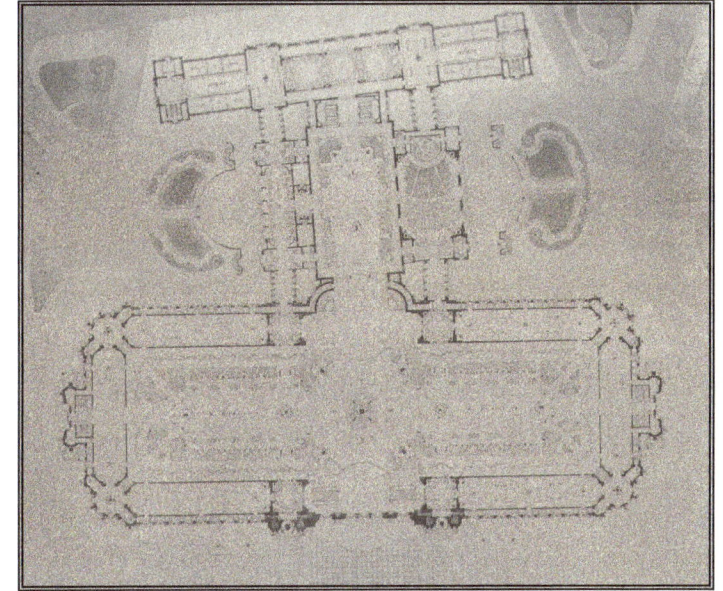

M. Esquié (Petit Palais)

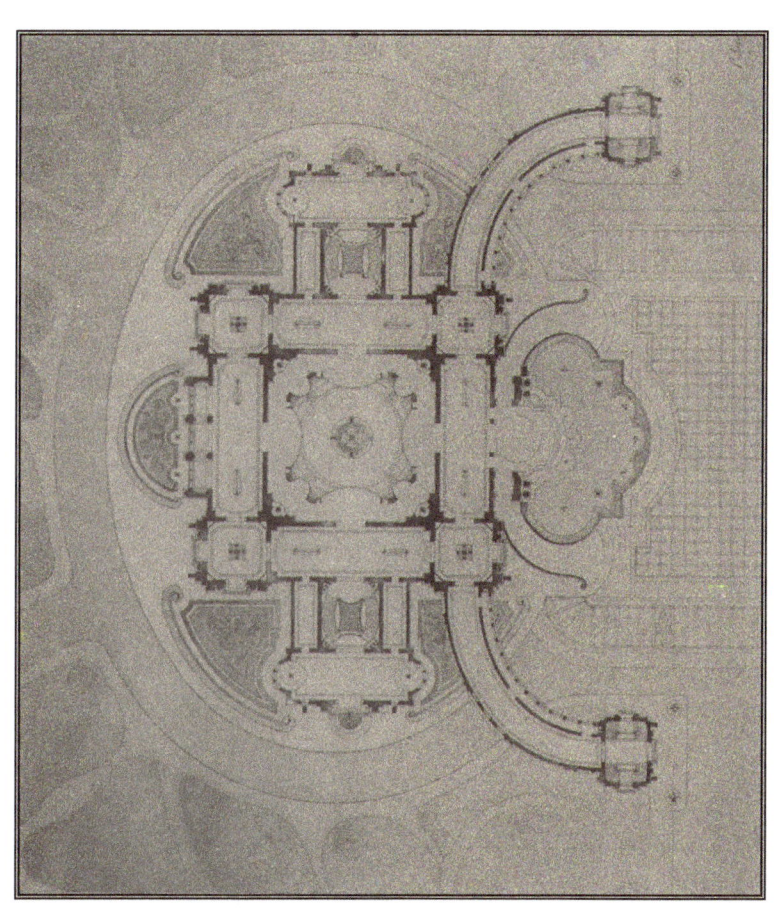
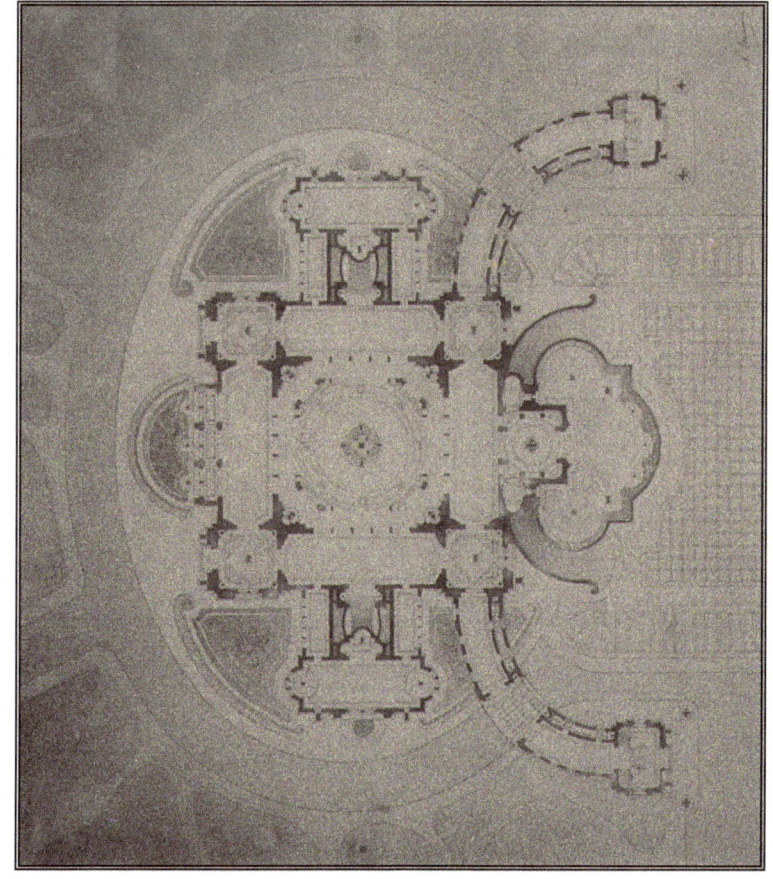

M. Gautier (Grand Palais)

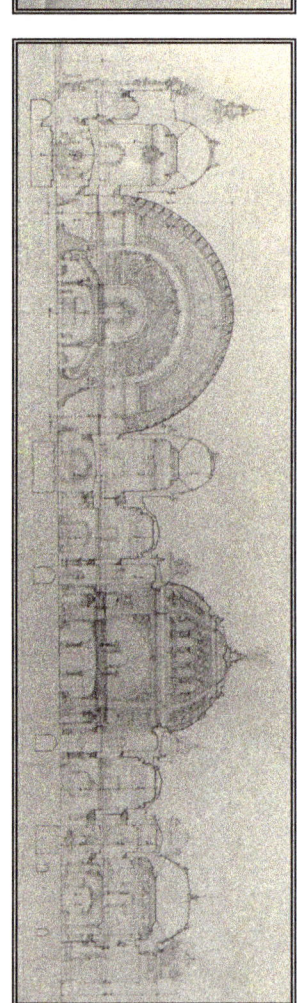

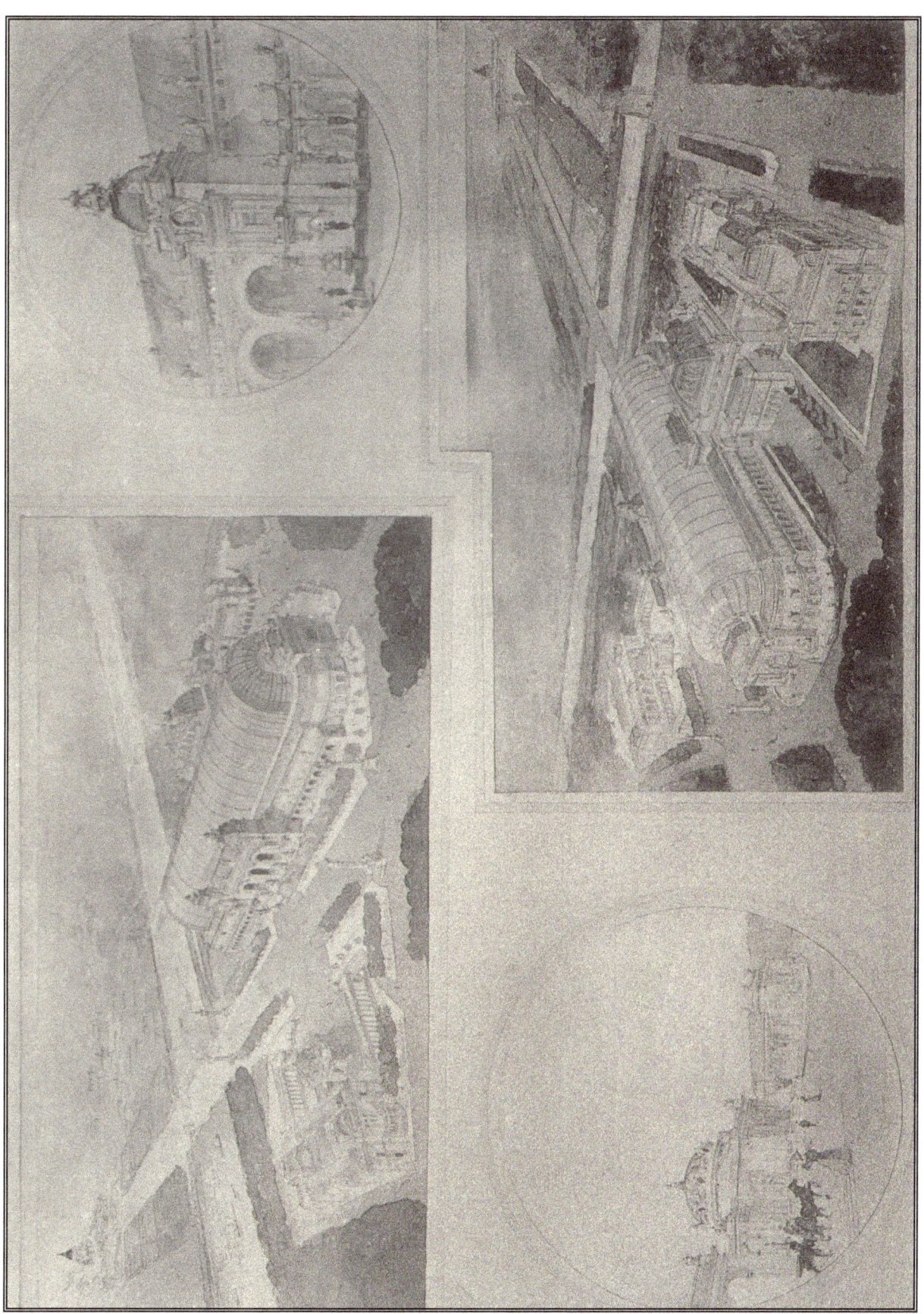

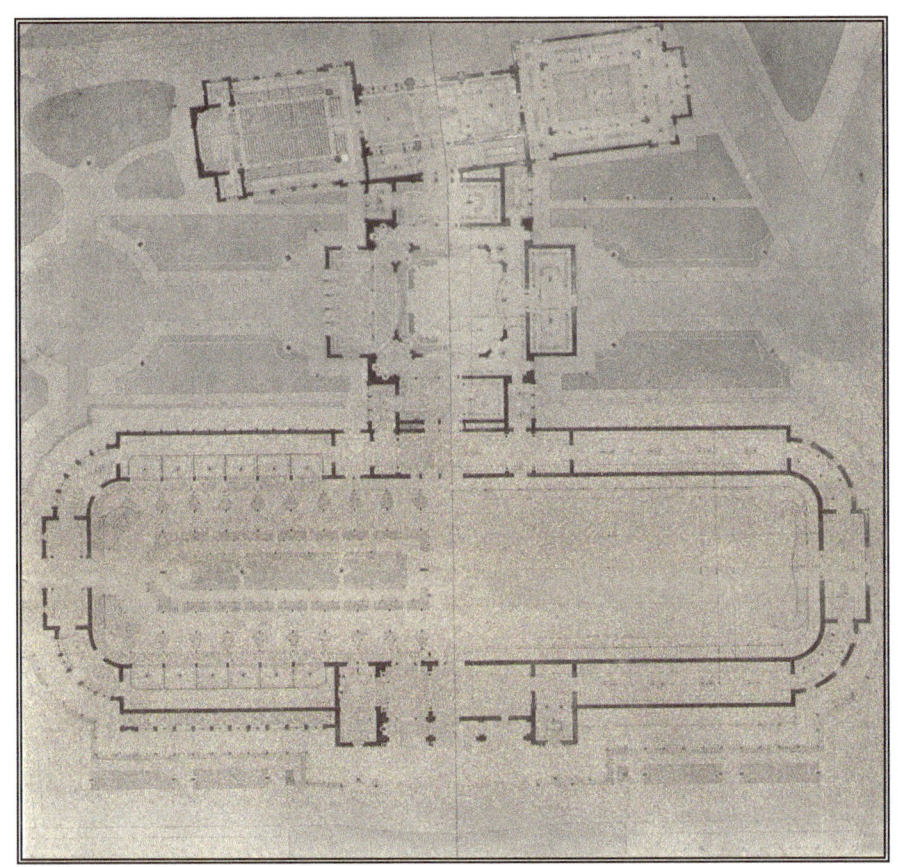

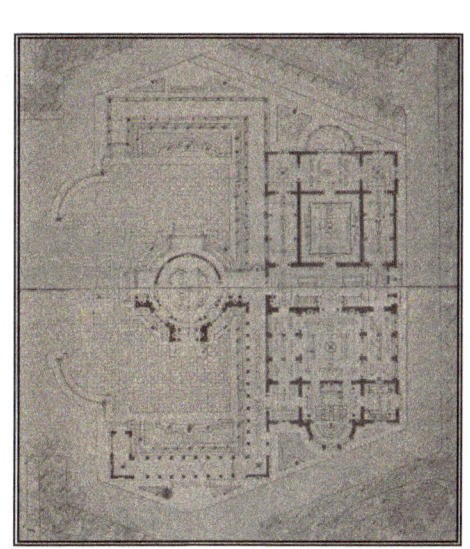

M. Gautier
(Petit Palais)

M. Gilbert
(Grand Palais)

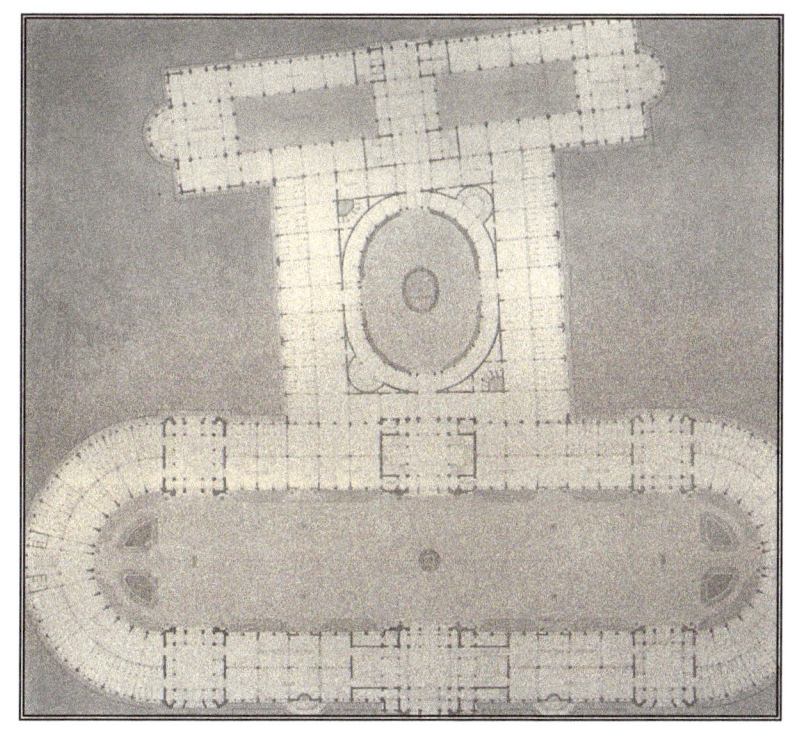

M. Grémailly (Grand Palais)

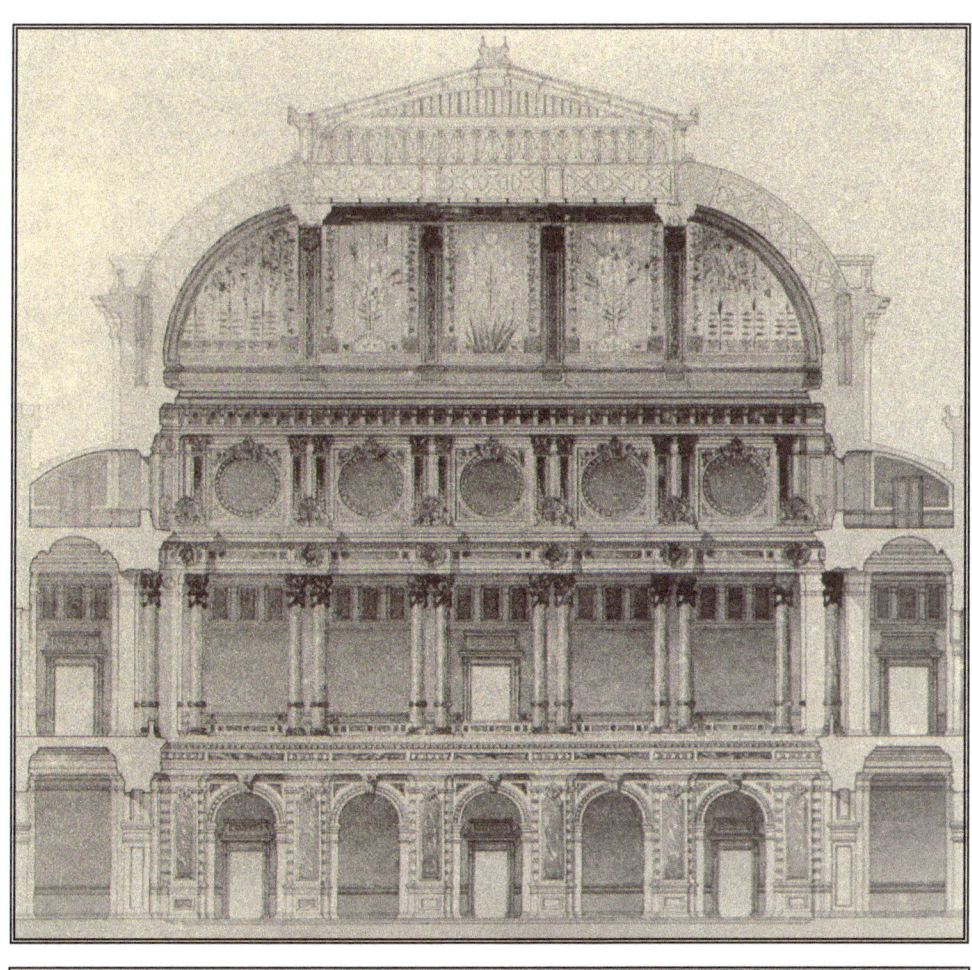
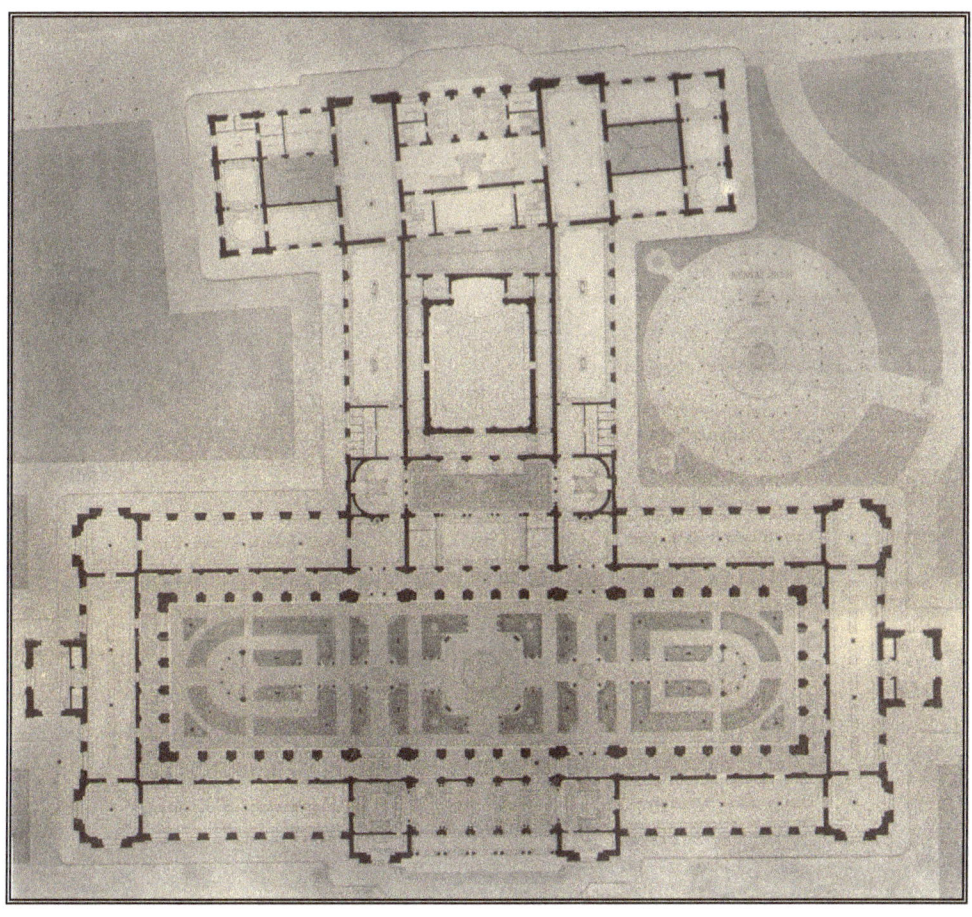

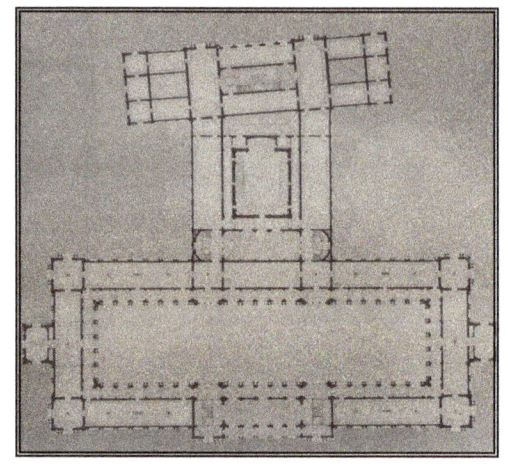
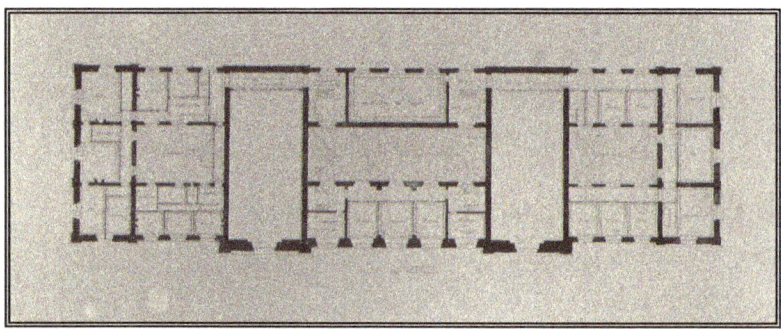

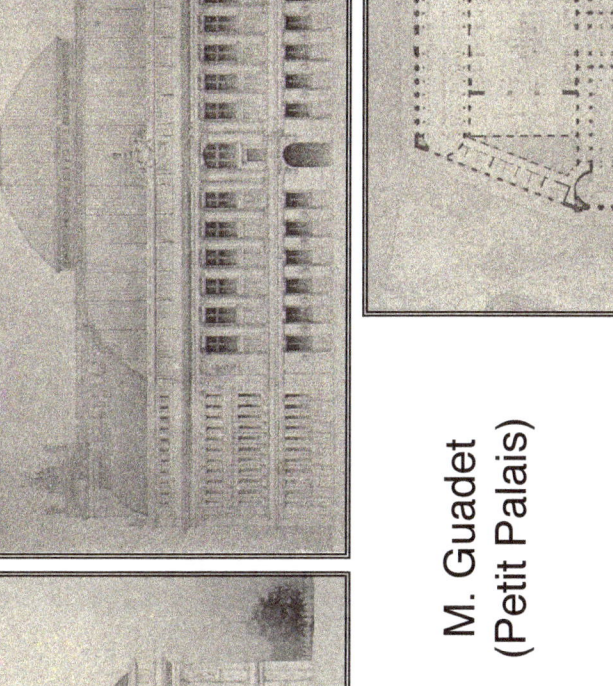

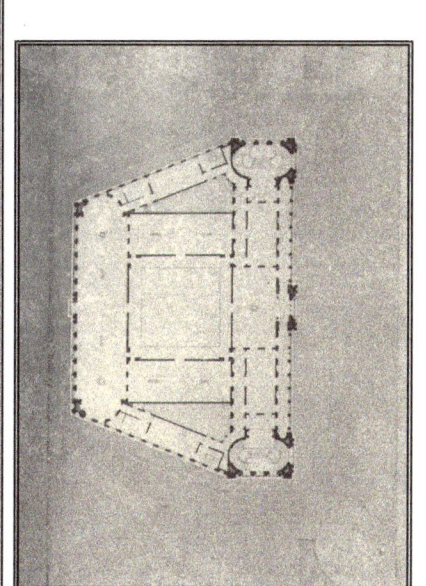

M. Guadet
(Petit Palais)

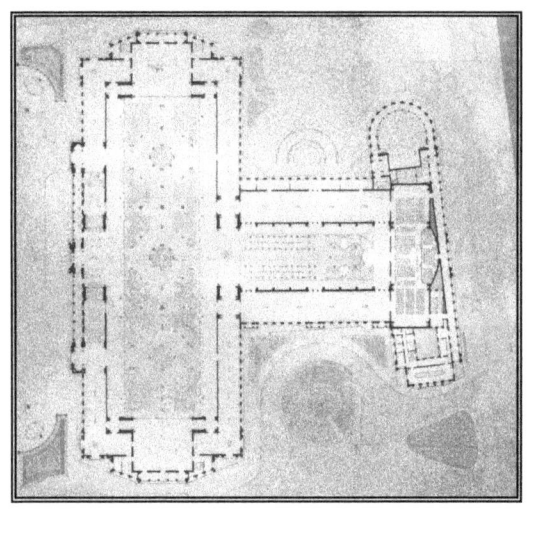

M. Guadet (Grand Palais)

Jacques Hermant
(Grand Palais)

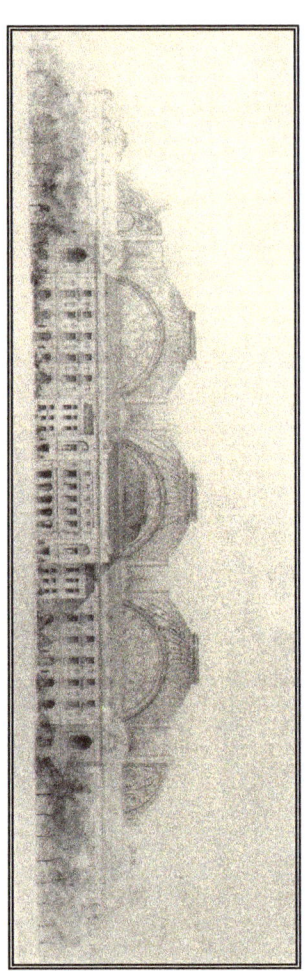

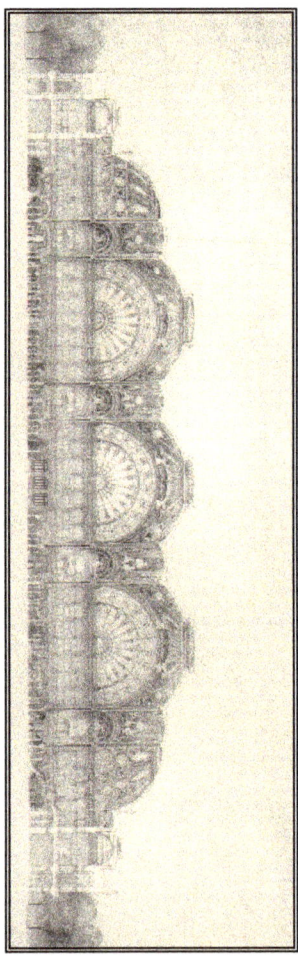

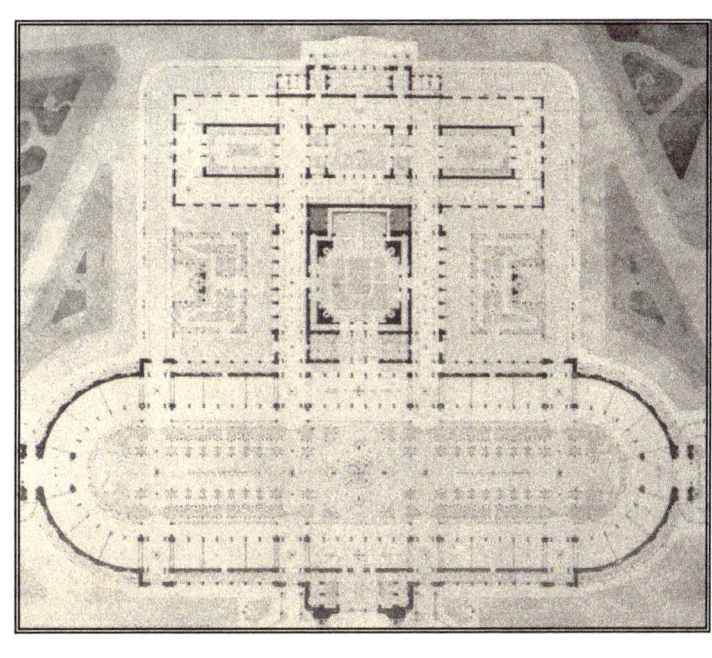
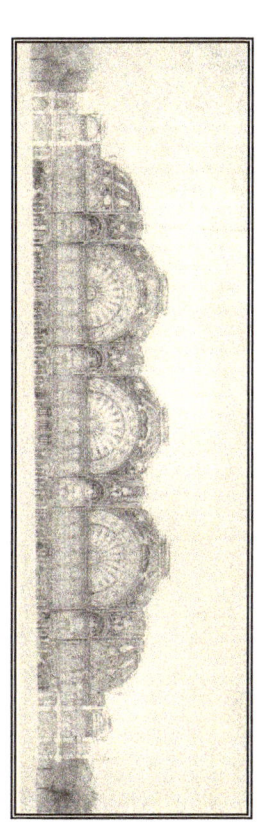

MM. Larche & Nachon

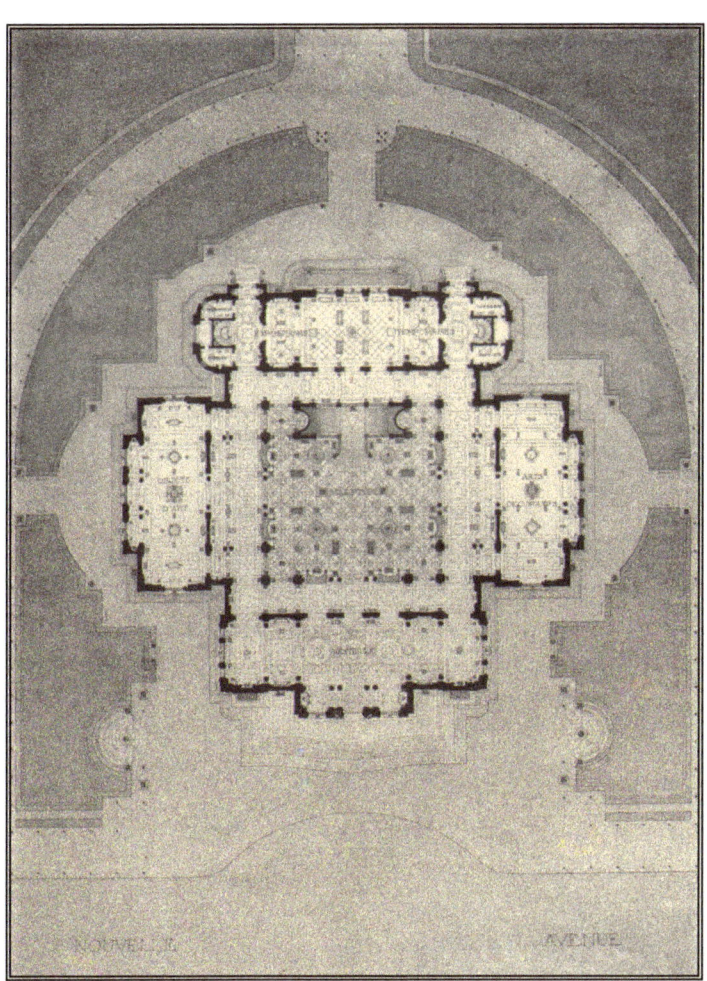
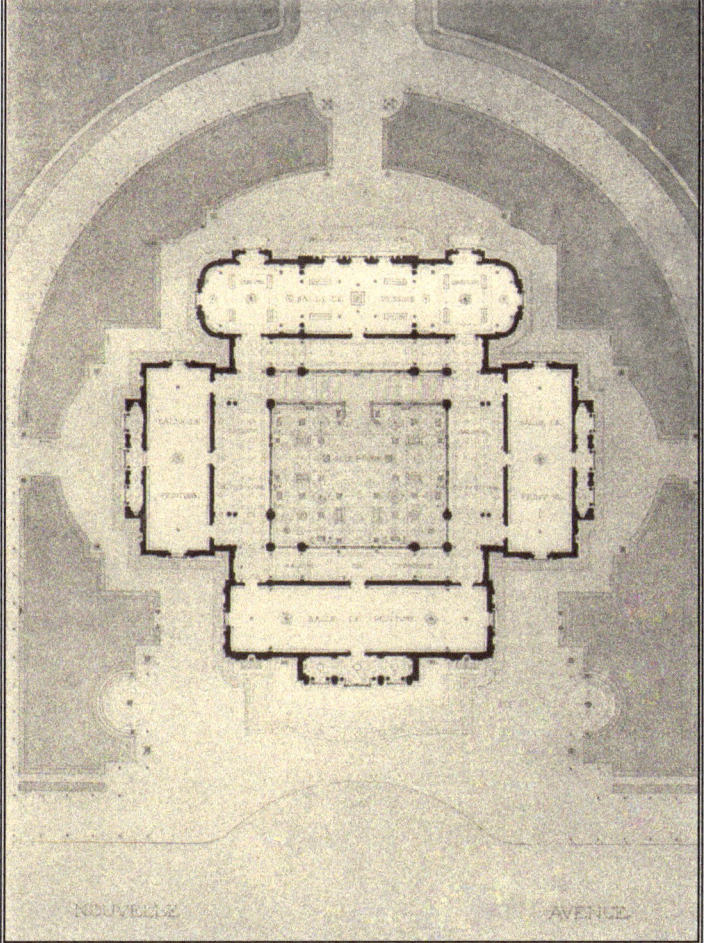

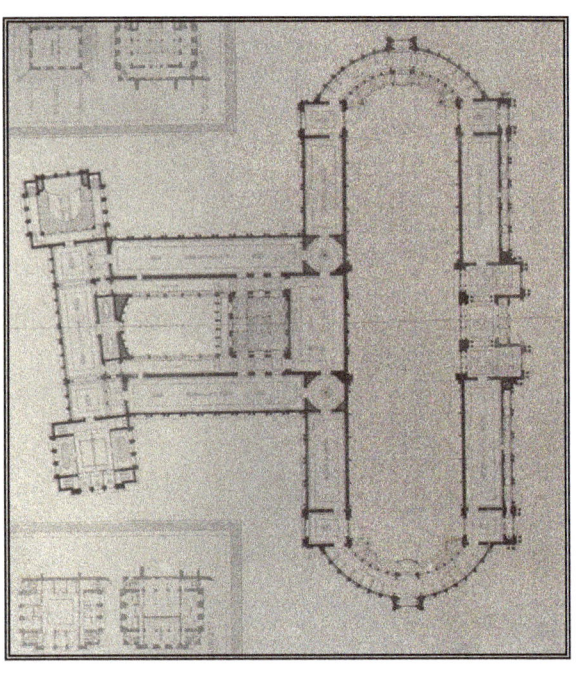

Alfred Leclerc
(Grand Palais)

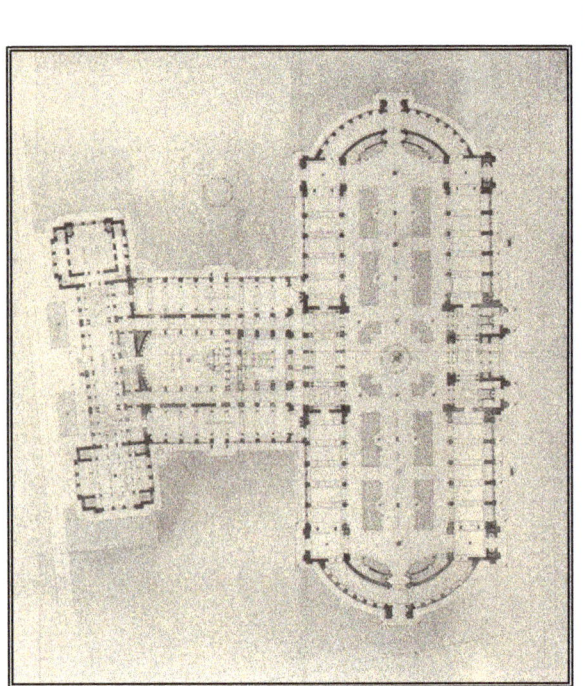

COUPE LONGITUDINALE

ÉLÉVATION LATÉRALE

Alfred Leclerc (Petit Palais)

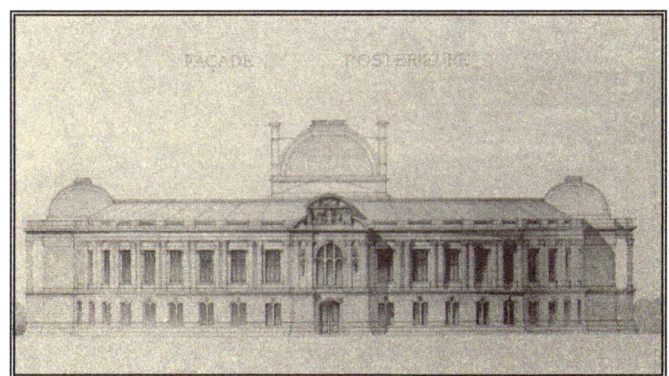

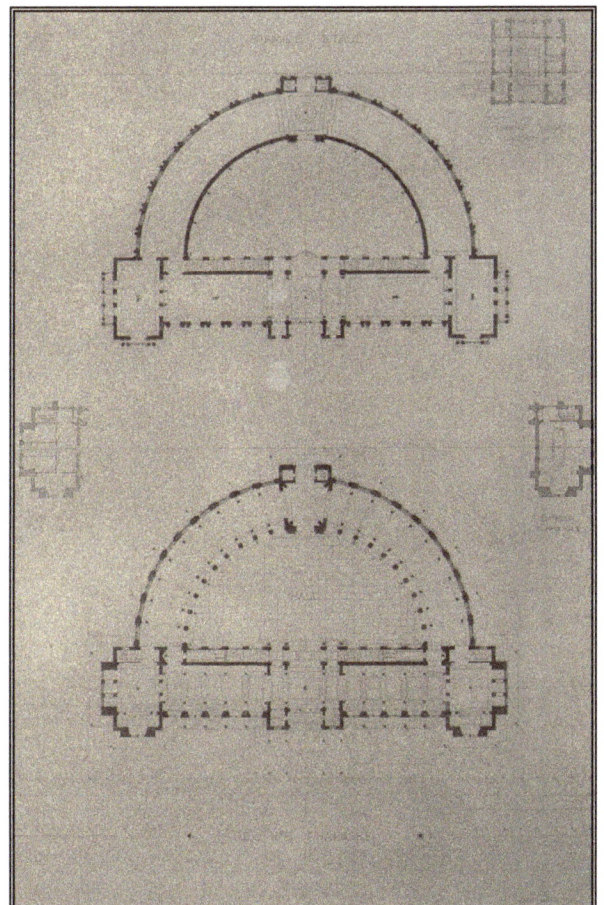

M. Masson-Detourbet

COUPE LONGITUDINALE

M. Mewès (Grand Palais)

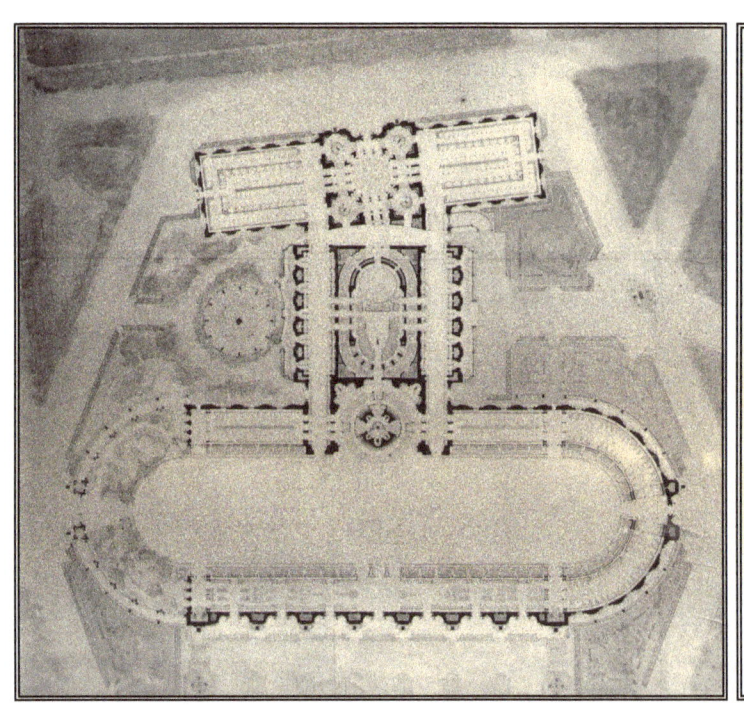
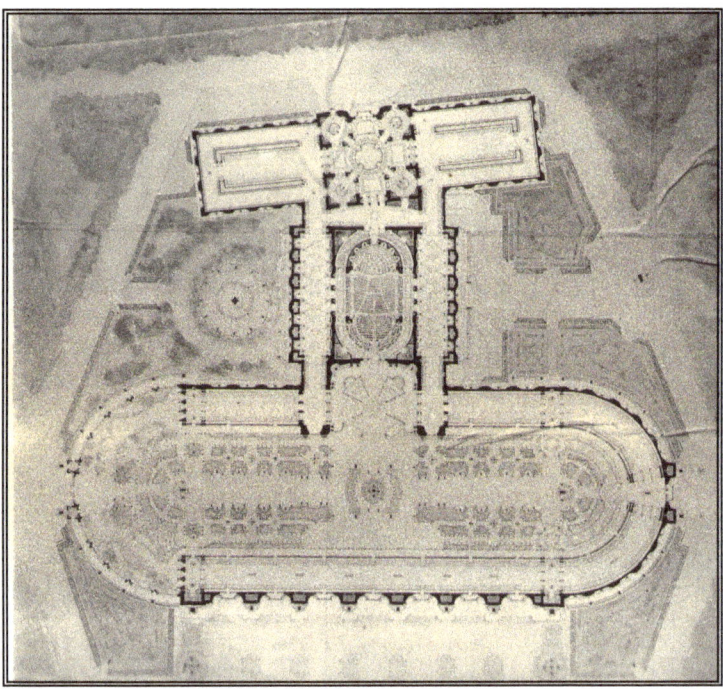

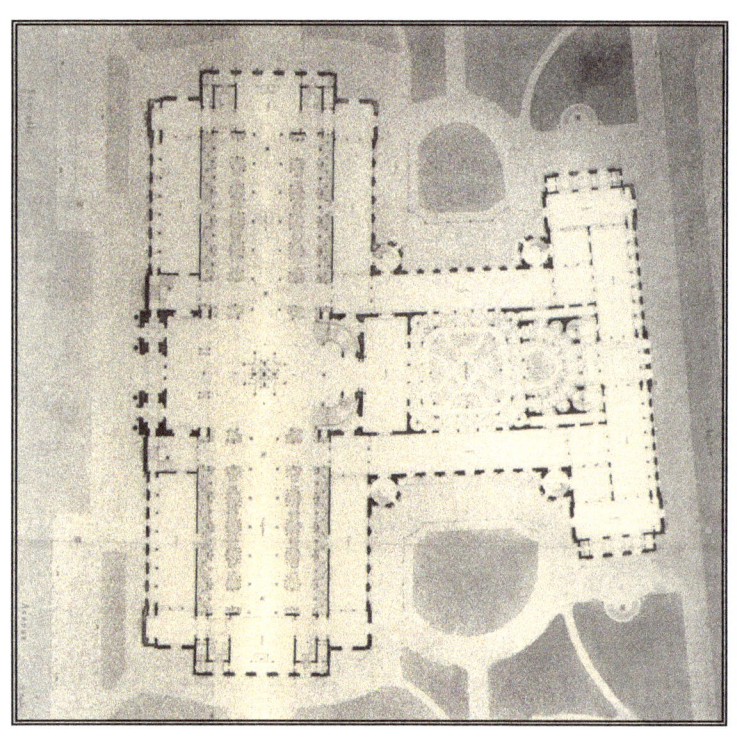

M. Paulin

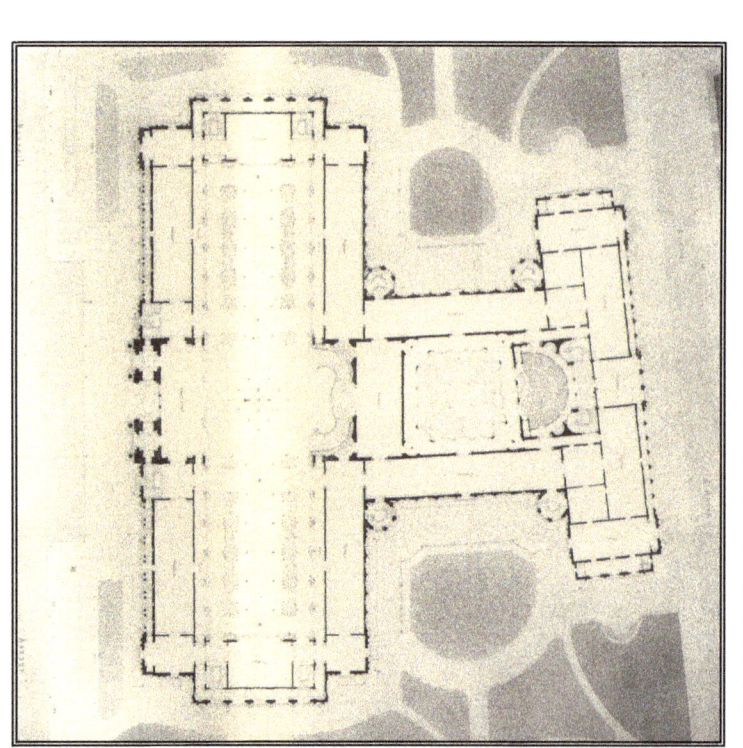

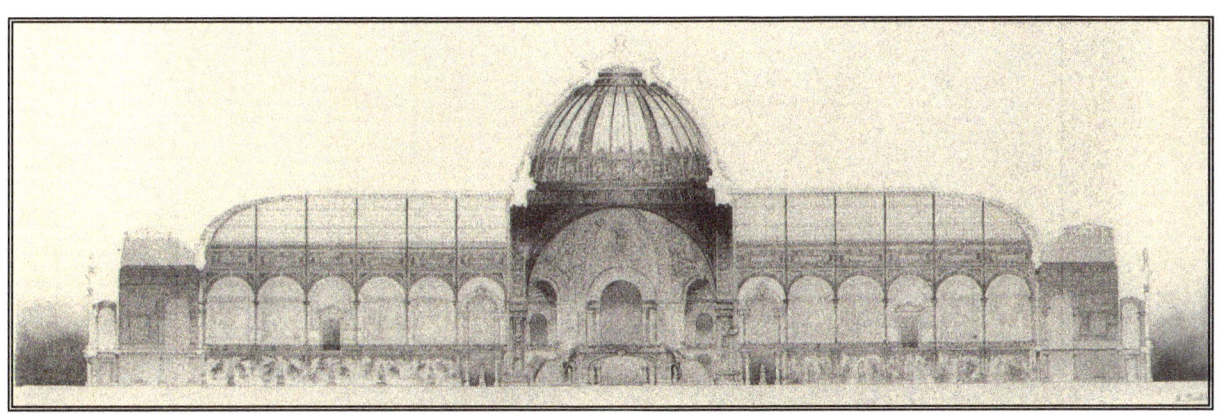

M. Raulin
(Grand Palais)

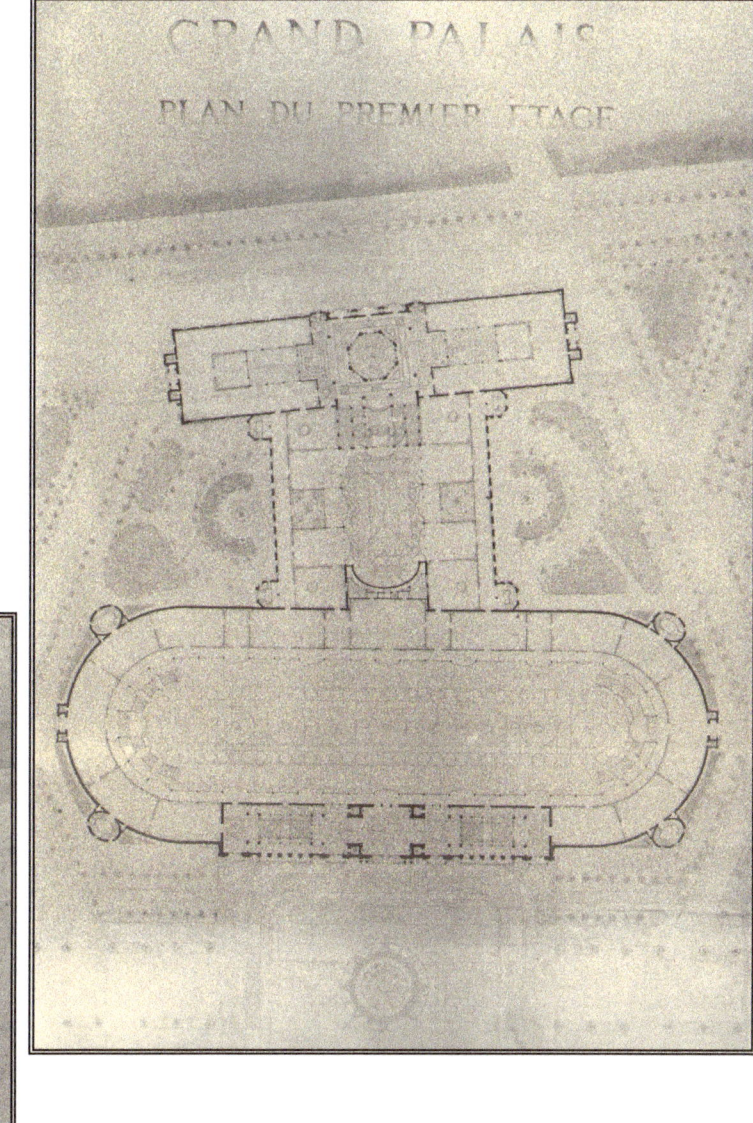

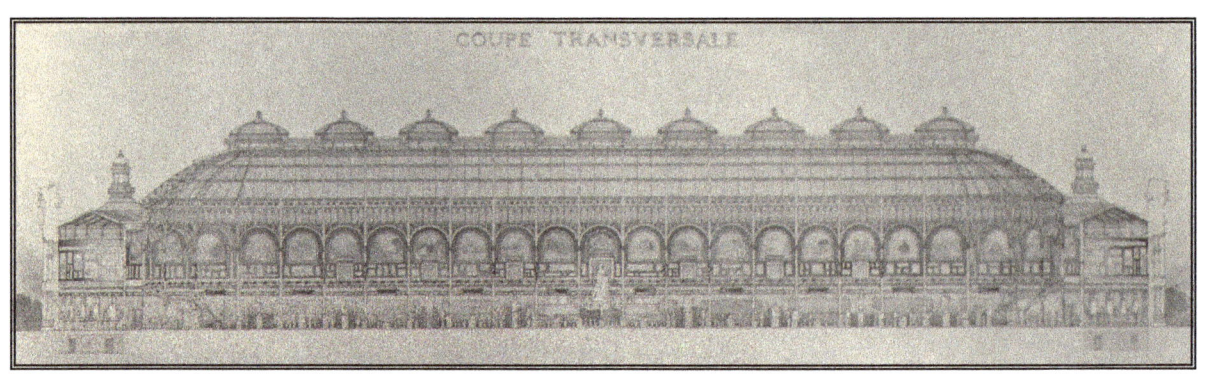

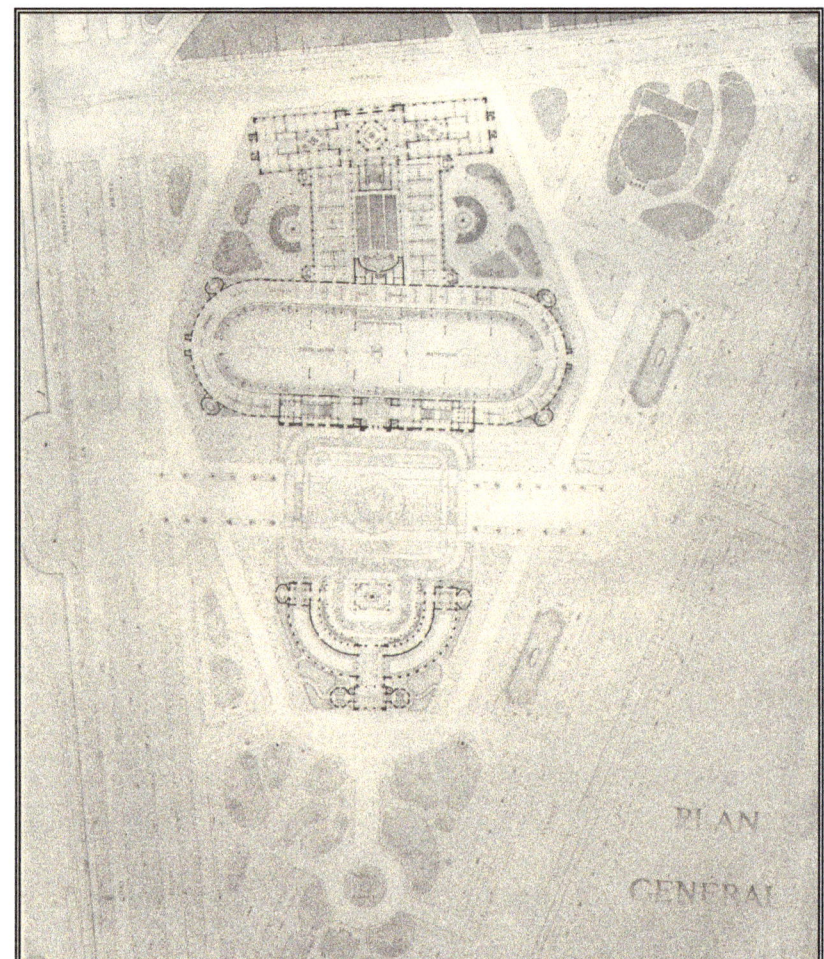

M. Raulin
(Petit Palais)

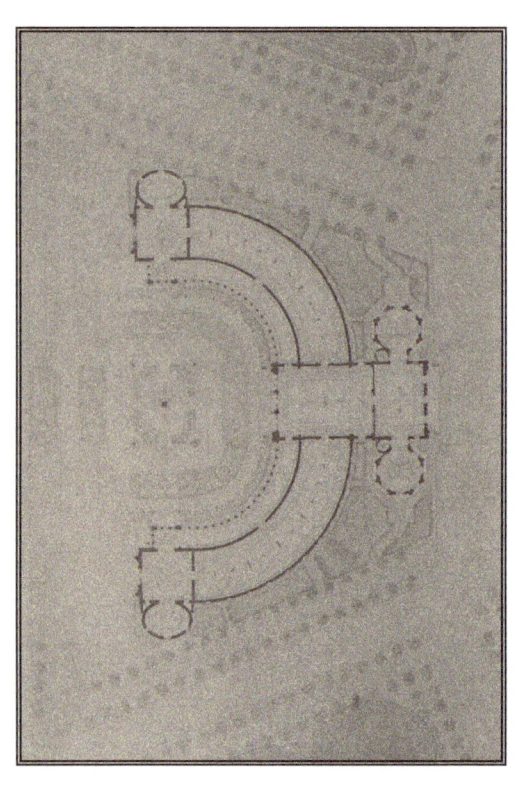

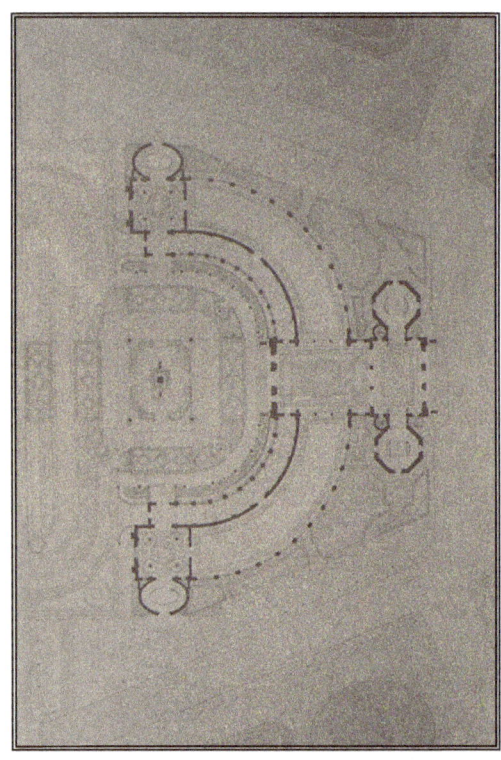

Lucien Roy

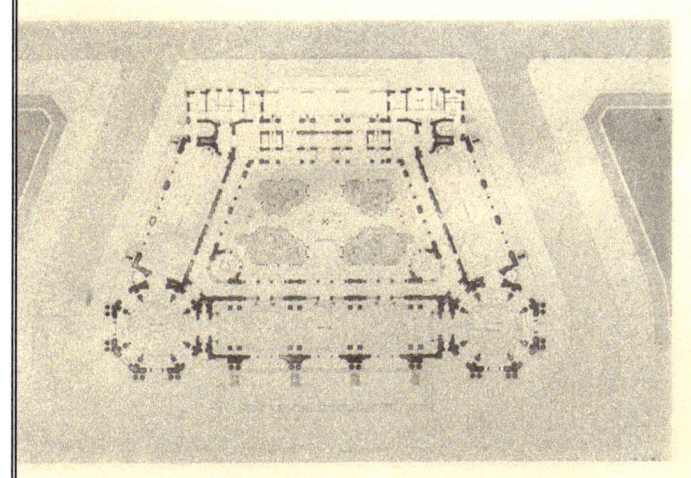 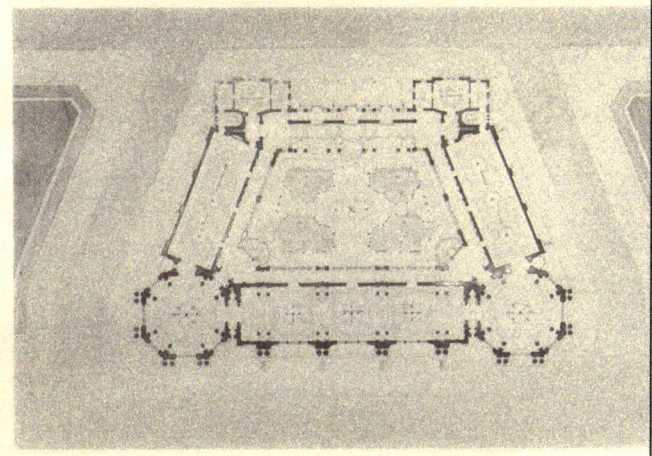

MM. Rey & Normand

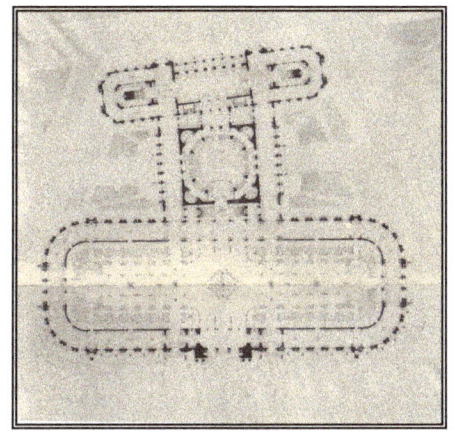

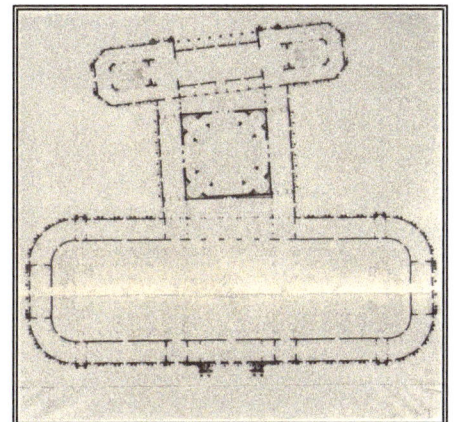

MM. de Tavernier & Barret
(Grand Palais)

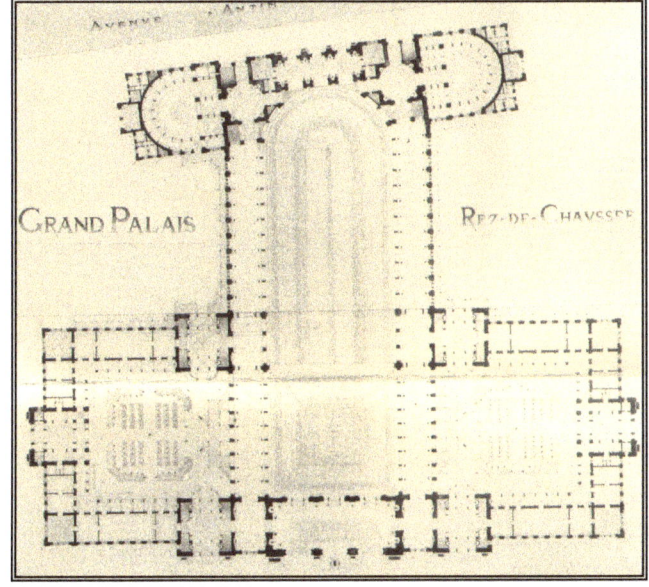

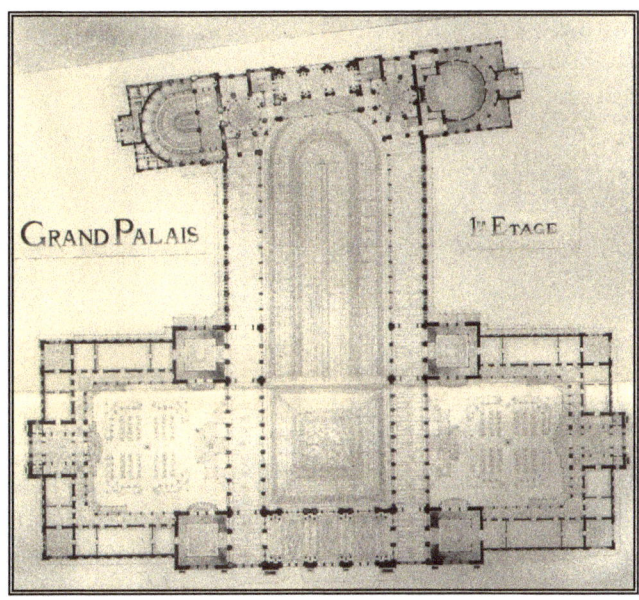

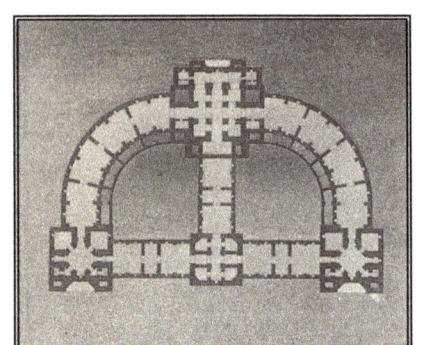
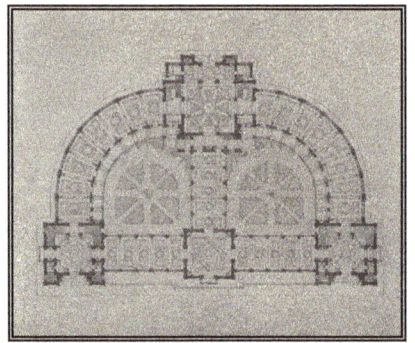
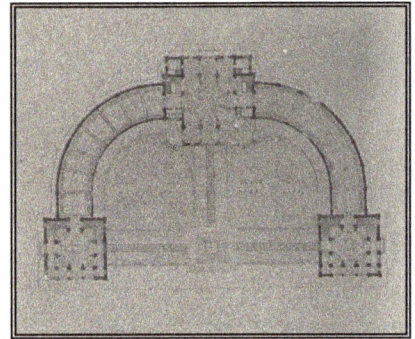

(Petit Palais)

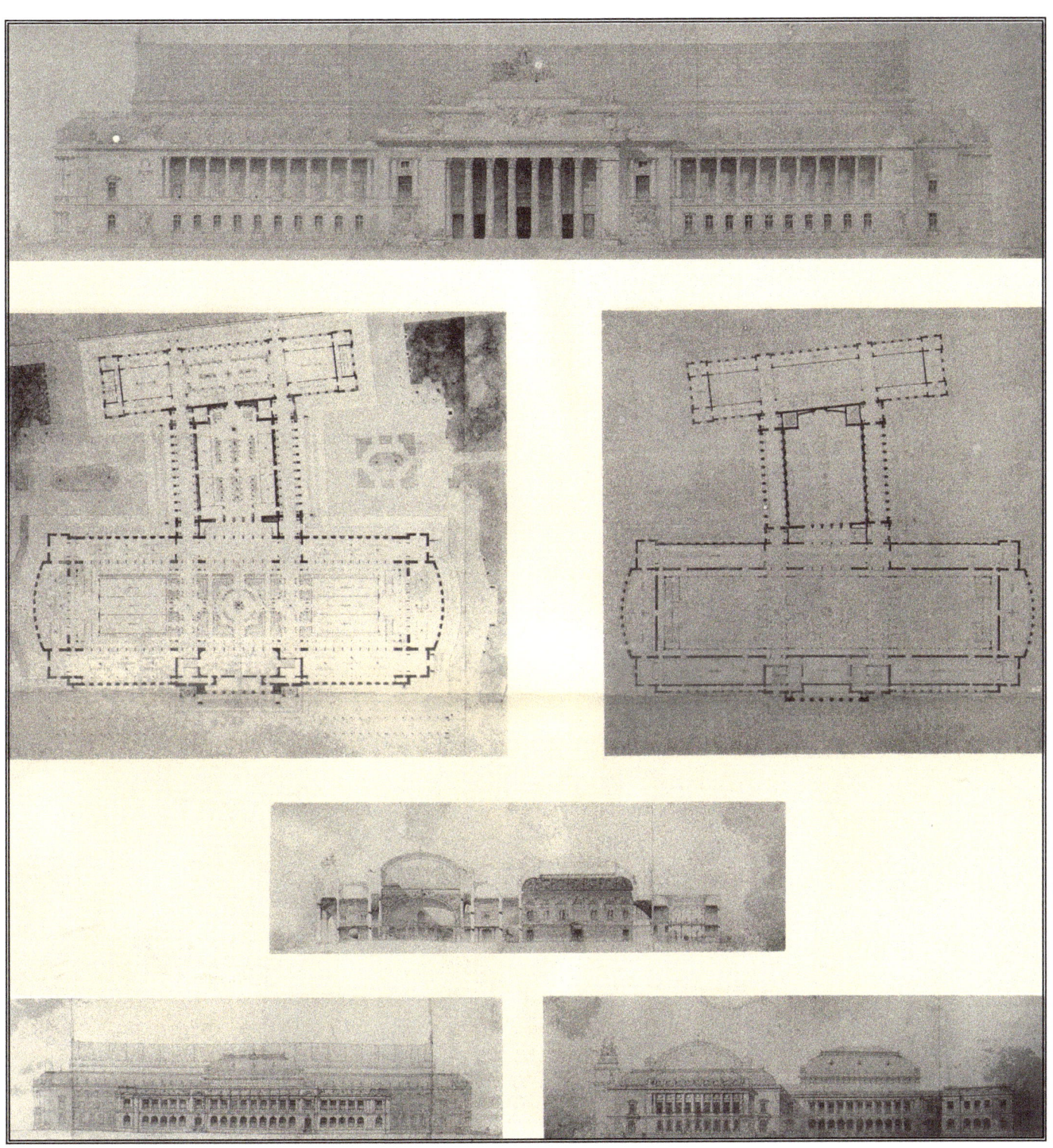

M. Ulmann

Les Vainqueurs

The Winners

Petit Palais

Charles Girault

Grand Palais

Pour le Grand Palais, un groupe de quatre
architectes est déclaré vainqueur :
Henri Deglane, Albert Louvet, Albert Thomas
et Charles Girault.
Il est confié à chacun une partie distincte
de la réalisation du monument.

For the Grand Palais, the competition was
awarded to a group of four architects:
Henri Deglane, Albert Louvet, Albert Thomas
and Charles Girault.
Every architect had a separate
area of responsibility for the realization
of the monument.

www.ingramcontent.com/pod-product-compliance
Lightning Source LLC
LaVergne TN
LVHW072126060526
838201LV00071B/4987